Leopold Schefer

**Die Osternacht**

Erste Abteilung

Leopold Schefer

**Die Osternacht**
*Erste Abteilung*

ISBN/EAN: 9783337355166

Hergestellt in Europa, USA, Kanada, Australien, Japan

Cover: Foto ©Lupo / pixelio.de

Weitere Bücher finden Sie auf **www.hansebooks.com**

Leopold Schefer

**Die Osternacht**

# Die Osternacht.
## Erste Abtheilung.

---

Sinnwort:

Erdennoth
Keine Noth!
Nur vom Herzen
Kommen Leiden,
Leben, Freuden,
Tod und Schmerzen.

## 1.

Wer machte denn die Thür auf, Johannes? — Johannes, hörst Du! schlafe nur nicht so fest. Es weht die Kinder kalt in ihren Bettchen an. Geh', mache sie zu! ich fürchte mich. Sieh', guckt es nicht dort mit funkelnden Augen herein? hat es nicht Hörner? —

Christel fuhr unter die Bettdecke. Du bist ein furchtsames Kind, sprach Johannes; und das kommt daher, daß Deine Mutter Dich zehn Jahre nach ihrem vorletzten Kinde getragen und sich vor den Leuten geschämt und nur im Dunkel ausgegangen. War sie denn nicht eine eheliche Frau, noch ein Weib in ihren besten Jahren? Nun hab' ich mein Leiden mit Deiner Furcht, und auch der ganz kleine Junge alterirt sich schon, wenn man ihn nur mit einem Hasenfuß anrührt. — Geh'; Daniel, stehe Du auf und mache die Thür zu und sperre die Ziege ein.

Der kleine Daniel sprang mit bloßen Füßen aus dem Bett, um zu gehen.

Vater, rief er, es ist Wasser in der Stube! Bis über die Kniee! Mutter, die Wiege ist schon zum Fenster geschwommen.

Du bist noch im Traume! Daniel, sprach die Mutter.

Nein, Mutter! wahrhaftig Wasser. Hörst Du? — Und nun rauschte er mit den Füßen darin.

Auch die Ziege kam gewatet. Die Mutter sprang aus dem Bett und eilte zum Kleinen in der Wiege. Der Vater sah zum Fenster hinaus.

Um des Himmels willen, was ist denn? fragte Christel. Hu, wie kalt ist das Wasser! —

Johannes antwortete nicht. Er hörte nur scharfes Läuten

vom Kirchthurm, ein dumpfes Rauschen, ängstliche Stimmen im Dorfe, gerufene Namen, Geschrei der Kinder und hohles gedämpftes Gebrüll des Viehes. Männer und Weiber und Kinder fuhren wie im Schattenspiel in der Nacht, selbst wie Schatten in Kähnen vor dem Hause vorüber, wo Abends noch trockene Straße war. Ein Mann führte seine Kühe watend nahe am Zaune des Gärtchens vor seinem Fenster hin. — Was ist das? fragte er ihn. Keine Antwort. Ein Anderer ritt auf dem Pferde, einen Knaben vor sich. Ist denn das der Rhein hier? fragte er diesen. — Das Wasser hier im Hause der Rhein! wiederholte Christel. —

*Das Mal* ist er es! antwortete Jener draußen vom Pferde, vorüber eilend; macht, daß Ihr fort kommt, Johannes! der Damm ist gebrochen! —

Das hier der Rhein? das Wasser hier! Hat davon jemals im Dorfe ein alter Mann erzählt? fragte Christel.

*Das Mal* ist das der Rhein! Wir stehen hier im Rhein in der Stube! sagte Johannes. — Horch, wieder die Sturmglocke vom Thurm! das klingt ängstlich! Nimm die Kinder, die Kinder, und fort, fort!

Laß Dich nicht übereilen, Johannes! sagte Christel gefaßt. Einen Augenblick überlegt, was wir thun, was wir nehmen und lassen. *Der* Augenblick kommt nicht wieder! Das hat Dir Gott eingegeben, den Kahn noch gestern im Hofe fertig zu machen, selber die Ruder hab' ich hineingelegt. — Das Erste ist die Nürnberger Bibel von meinem Vater, dann die Kinder und die Sonntagskleider! Weißt Du noch Etwas?

Geld haben wir nicht! seufzte Johannes mit gefalteten Händen. Unser Haus war das Beste — und der Garten. Die Fische werden doch leben bleiben! So bleiben wir Fischer! —

Nun in Gottes Namen! ich bin angezogen; trieb Christel.

So nahm sie denn das Kind in seinem Bettchen aus der Wiege, der kleine Daniel rief seinen Staar vom Ofen: du Dieb! du Dieb! dann nahm er den Vogel, der Vater den Daniel auf einen Arm, auf den andern das Mädchen, sein

Sophiechen, und so wateten sie zum Kahn, der schon flott war. Christel stieg ein und blieb bei den Kindern. Der Vater holte noch die Nürnberger Bibel und die Federgebette und die Sonntagskleider aus der Lade, legte auch das hinein und fragte: haben wir sonst etwas Wichtiges vergessen? Daß ich nicht weiß! sagte Christel; ich habe Alles! Da sprang noch die Ziege in den Kahn, die Kuh war nicht mehr zu retten. Nun walte Gott! sprach Christel; und so fuhr denn Johannes sachte und vorsichtig über die niedrige, schon überschwemmte Mauer des Gehöftes mit dem Kahn voll seiner besten Habe hinüber nach den Bergen, über welchen ruhig, sicher und fern der Komet mit langem, weißem Schweife stand, der wie ein langes hinaufgestrecktes Schneckenhorn des Berges zum Himmel reichte und geisterhaft und doch gütig und freundlich den Menschen leuchtete.

Du hast gut da im Trocknen scheinen und steuern! sagte Johannes. Du bist an Allem schuld!

Spotte nicht! verwies ihm Christel; es ist ein Bote des Herrn mit seinem Stabe.

Es ward plötzlich still auf den verworrenen Lärm im Dorfe. Das Schreckliche war geschehen. Die sich retten konnten, waren gerettet und waren nun still, auch wo sie flohen; und die sich nicht gerettet; waren auch still; nur manchmal erscholl noch Hundegebell, oder Geschrei der Hähne, die den Morgen anriefen, oder Geläut aus benachbarten Dörfern, auch wohl ferner Schüsse Hall das Thal hinab und hinauf, und ein lauer Thauwind fiel in zuckenden Stößen vom Himmel.

So fuhr denn auch Johannes still an Mauern dahin, über Gärten und Wiesen, die zum See geworden. Nur zuweilen kam es ihnen vor, als hörten sie rufen: „Johannes!" und dann wieder schwächer: „Johannes!" aber es fiel ihnen nicht ein, daß sie ihre *Dorothee* vergessen, die auf dem Boden geschlafen. Sie waren froh, daß ein Kahn sie einholte.

„Guten Morgen!" grüßte es beklommen herüber. „Guten Morgen!" dankten sie wehmüthig hinüber, und schweigend gelangten sie ans Ufer.


## 2.

Da! nimm mir das Kind ab, Dorothee! sagte Christel und hielt es ihr aus dem Kahn hin. Denn sie glaubte, das flinke Mädchen sei zuerst ans Ufer gesprungen. Dorothee! wo bist Du denn? rief sie noch einmal. Sie sahe sich um, sie überblickte den Kahn, da war keine Dorothee, und vor Schrecken hätte sie bald das Kind von den ausgestreckten Armen ins Wasser fallen lassen. Sie setzte sich aber und beugte sich über das Kind. —

Ich frug Dich ja noch, liebes Weib, sprach Johannes, ob wir Etwas vergessen.

Etwas ist kein Mensch, erwiederte sie.

Du sagtest, ich habe Alles! sprach er. —

Ach, ich habe Alles, das sagt' ich, weil ich meine Kinder hatte! den Daniel, das Sophiechen und den kleinen Gotthelf. Kehre um, Johannes, das Mädchen ist Dir ja so lieb, wie ich und die Kinder! Sie hat Niemanden als Uns, wer denkt an sie? so ist sie denn Uns auf die Seele gebunden. Kehr' um! Soll sie so mißlich umkommen? Wie viel Häuser sind schon eingestürzt. Johannes kehre um. „Johannes!" rief sie, „Johannes!" jetzt weiß ich, wer rief, und wen sie meinte — Dich, mein Johannes! —

Ich will! tröstete sie Johannes; nur wärmt Euch erst. So stiegen sie aus und richteten sich ein. Die Ziege weidete unbekümmert; Daniel las Holz zusammen, Johannes brachte einen Feuerbrand von dem Feuer des nächsten Unglücksgenossen, und während dessen erschien der Purpurstreif der Morgenröthe und beschimmerte das Thal und den Strom, und zuletzt kam auch die Sonne und schien sich umzusehen. Von Zeit zu Zeit läutete es noch im Dorfe vom Thurme. — Wer muß das sein? sagte der junge Prediger, der herzugetreten, denn dort steht der alte Küster mit allen den Seinigen. Die Kirche liegt tief, und dem wir die Rettung, nächst Gott, am meisten verdanken, der steht nun selber in Noth. Seht, ist nicht Jemand dort im geöffneten Kirchthurmfenster? — Es ist ein Mann! sagte Johannes, und keiner aus dem Dorfe; ich dächte, er trüge einen andern Rock, als wir Leute hier, jetzt weht er auch mit einem weißen Tuche. Nun geht er wieder läuten, horch!

Das ist gewiß der Reisende, der gestern bei mir war und mich nicht zu Hause fand. Er wollte heute wieder zu mir kommen, bemerkte der Prediger.

Ja, sagte der alte Küster. Als ich den Thurm aufschließen ließ, war er schon da und riß mir die Schlüssel aus der Hand, trieb mich fort und sprang selber zu läuten. Er ließ sich's nicht nehmen. Ich sah ihn gestern Abend im Wirthshaus. Er hat auch ein Pferd.

Gehabt! sagte der Prediger; denn das ist nun ertrunken. Wir wohnen Alle dort tief.

Das war wohl ein Schreckliches!

Ach, es ist noch ein Schreckliches! seufzte Christel und deutete stumm und die Augen voll Thränen nach ihrem Hause, auf dessen Dache eine weiße Gestalt saß neben der Leiter.

Wer von Euch ist das? fragte der Prediger.

Unsere Dorothee, die meine Frau mit aus dem Vaterhause geerbt, sagte Johannes ihm leiser. Jetzt will ich hin. Das Dach hat sich schon gewandt, denn die Morgensonne bescheint den Giebel, was sie in ihrem Leben nicht gethan! —

Fahrt mit Gott! sagte der Prediger. Aber wer wird Euch begleiten außer ihm? Die Männer sind fort nach allerhand Hülfe, oder retten noch; ich verstehe es nicht, das Ruderscheit zu führen, und gehe denn lieber aus nach

Zufuhr ins nächste Dorf, daß Ihr wenigstens Brot und Wein bekommt. So ging er.

Christel küßte ihren Johannes; er küßte die Kinder, dann fuhr er allein zurück. Er mußte zuerst an der Kirche vorüber, worauf der Fremde jetzt stärker geläutet und nun hinab in das Fenster getreten. Johannes hätte müssen kein Herz haben, wenn er ihn nicht zuerst in den Kahn genommen. Und nach einigen kurzen Worten des Dankes half er nun selber hinüber rudern zum Hause, von dem das Mädchen ihn mehr geängstet als er sich selbst über seine Lage. — So oft sie die Arme ausstreckte, riß ich wieder an der Glocke! erzählte er Johannes. Sie legten an das Dach an, aber sie mußten ihr laut zurufen, herabzusteigen, so erstarrt und versonnen saß sie da oben. Ja es erschien dann, als sie gleichgültig die Männer ansah, sogar ein Trotz, eine Rache, eine wehmüthige Lust, umzukommen, in ihrem Gesicht. Sie ward über und über roth. Sie wähnte sich *vernachlässigt*, als eine arme vater- und mutterlose Waise! nicht vergessen vor Angst; und auch jetzt hatte Johannes *zuerst* den Fremden eingenommen, und nicht erst auf der Rückfahrt! So blieb sie, und auf wiederholten Zuruf schluchzte sie vollends vor Thränen und kehrte sich ab. — Laßt das arme Mädchen erst ausweinen und sich die Thränen trocknen, damit sie die Sprossen der Leiter nicht fehlt, sagte der Fremde mitleidsvoll. Sie hat nicht mehr an das Leben geglaubt; und nun schlägt ihr das Herz auf einmal zu voll.

Und so stieg er selbst hinauf und geleitete Dorotheen hinab. Sie schwieg während der Fahrt nach den Bergen und sahe zurück auf die Fläche des Wassers, während die Männer hinüber ruderten. Sie brach voll brauner Knospen schimmernde Zweige von den Obstbäumen, an denen sie hinfuhren, und warf sie in das Wasser, ohne sie anzusehen.

Am Ufer warf sie sich der weinenden Christel an die Brust und sagte: Nun seid Ihr so arm als ich!

Ist *das* Dir ein Trost! erwiederte Christel.

*Nun* werdet Ihr mich lieber haben! seufzte Dorothee. Ach, wie war mir diese zwei Jahre her zu Muthe, seit der Prediger gestorben; und auch bei ihm, wie oft hab' ich geweint!

Was kannst Du für Deine betrogene Mutter! sprach Christel. Es hat ihr auch das Leben gekostet. Sei ruhig. Wir waren nicht reich, aber wir liebten Dich! wir lieben Dich und sind nun arm.

Gott sei Dank! seufzte Dorothee leise, nun ist mir wohl.

Der Fremde hatte das schöne, sechzehnjährige Mädchen mit Verwunderung betrachtet. Ihr habt da ein eigenes Kind! sagt' er. Schöne Mädchen müssen nicht so stolz, so eigensinnig sein! drohte er ihr sanft mit dem Finger. Dorothee wollte ihn böse ansehen; aber es gelang ihr nicht: denn von einem freundlichen Blick getroffen, mußte sie endlich sogar auch lächeln, wie er lächelte.

*Mir* ist nicht wohl, sagte er, daß ich *jetzt* arm bin. Ich kann nicht einmal meinem Freunde hier anders als mit Worten danken!

Das ist nicht nöthig! sagte Dorothee. Er hat ja eigentlich mich geholt, wie er spricht. Oder nicht?

Freilich! sagte Johannes.

So schenkte der Fremde nur einige kleine Stücke Geld an die Kinder, schrieb sich Johannes Namen in seine Schreibtafel, drückte ihm die Hand, versicherte ihm, daß er sich werde vernehmen lassen, schnitt einen Stock aus dem Haselgesträuch, ließ sich den Weg nach Groß-Breitenthal weisen und wanderte in die Berge.

Während dessen hatte sich die Schlinge, womit Johannes den Kahn an einen Stein in der Eile und der Freude befestigt, abgezogen durch das Wiegen auf den Wellen — und jetzt war der Kahn schon unerreichbar, wandte in eine Strömung und schwamm fort. Daniel schrie; Johannes sah ihm nach und sagte dann: nun bin ich ein Fischer gewesen! nun ertrinken mir die Fische! — Christel schwieg; Dorothee lächelte verstohlen, rief die Ziege, setzte sich auf den Stein und melkte Milch zum Frühstück für die Kinder.

### 3.

Nun was sagt denn Deine Bibel? fragte Johannes nach Mittag seine Christel, die darin las; welches Winzerhäuschen in den Weinbergen ist denn noch leer? oder wohin sollen wir wandern? und was sollen wir anfangen?

Christel machte gelassen die Bibel zu, drückte die Schlösser fest, und eine Hand auf den Deckel gestützt, sah sie ihn ruhig an. Siehst Du nicht, fragte sie ihn, was darin steht? wenn Du auch die Schrift nicht lesen kannst: so kannst Du doch in meinem Gesicht lesen, was darin steht: Zufriedenheit und Vertrauen!

Aber können wir darin wohnen, wie in einer Hütte? können wir sie den Kindern geben als Brot?

Du bist wunderlich, lieber Johannes, erwiederte Christel. Dir muß man das anders sagen. Siehst Du, — zu *deinem* armen Vater Frommholz können wir einmal nicht, da fern auch über den angeschwollenen Main, aber unter dem Lesen ist mir nun eingekommen, daß mein Vater dem Herrn von Borromäus in guten Zeiten auf inständiges Bitten 1000 Gulden geliehen hat. Er war ein schwacher Mann und dachte, der Hase habe ihn geleckt, wenn ihm ein „Herr von" die Hand gedrückt und sein erspartes Geld in eigner hoher Tasche nach Hause getragen. Doch *das* Geld hab' ich ihm mit dem Voigt selber hinauf nach Breitenthal getragen, und ich bekam einen Dukaten Botenlohn, den unser Sophiechen da noch am Halse trägt, und einen Kuß, den ich mir hundert Mal abgewaschen. Ach, ich weiß noch wie heute, ich brach in seinen Armen vor Scham und Schande und Jammer, und wer weiß vor was allem in Thränen aus und war gar nicht zufrieden zu stellen. Ich kam mir vor, wie gestorben, verdorben, entweiht und entehrt auf immer. Das war eine Noth! Der alte Herr sogar war selber betreten und schrieb mir die Quittung. Und die 1000 Gulden gehören von Gott und Recht laut Testament nun mir. Darum wollen wir hinauf; denn unser Haus, das siehst Du, ist zerstört, und von dem Gelde bauen wir es neu auf.

Der Edelmann hat ja niemals nur einen Kreuzer Interessen entrichtet und behauptet, er hätt' es dem Vater schon wieder bezahlt! lächelte Johannes.

Leider hat es der arme verschuldete Herr gethan — als wir noch Etwas hatten und ohne ihn lebten; aber, Johannes, *nun* wird er es nicht leugnen, nun wird er es gewiß bezahlen, gewiß! nun wir verarmt sind.

Du hast einen guten Glauben! meine Christel, sagte Johannes fast unmuthig.

Die Mutter aber rief ihr Sophiechen herbei, nahm sie auf dem Schooß in die Arme, wiegte sie und fragte sie liebkosend: Sage Du mir, Sophiechen, werden wir das Geld bekommen? Nein? oder Ja! Nicht wahr Sophiechen, sag'! werden wir das Geld bekommen?

Ja! sagte Sophiechen, mit der Post! —

Da hörst Du, Johannes! sagte die Mutter. Das Kind hat es gesagt.

Du hättest nur noch deutlicher zu ihr sprechen sollen: Sage ja! — Ist denn das Kind eine kluge Frau? oder bist Du eine kluge Frau? Du wirst schon abergläubisch; das macht das Unglück! meine gute Christel.

Du wirst sehen, Johannes! was die unschuldigen Kinder sagen, ist wahr.

Wenigstens unschuldig. Was wollen wir Anderes machen als hoffen. Im Dorfe kann uns Niemand helfen, Jeder braucht selber Hülfe. Es ist nicht zu weit hinauf, darum wollen wir noch vor Abend hinüber! hier haben wir uns satt gesehen an der lieben Gottesgabe, dem Wasser! Er wird doch irgend ein Häuschen, oder ein Stübchen haben der

Borromäus. Es sind auch Wagen von Breitenthal da; Alles ist ausgetheilt, und sie fahren nun leer zurück, die nehmen die Kinder mit, und wir gehen.

Das war bald geordnet, und so zogen sie in die Berge hinauf durch den Fichtenwald. Johannes sah noch manchmal zurück und weinte dann, wenn er die Kinder auf dem Wagen fröhlich darüber sah, daß sie fuhren, und Daniel, daß er das Ende der Zügel halten durfte.

An der Waldkapelle mit dem Marienbilde aber war Christel heimlich zurück geblieben, hingekniet und dankte für die glückliche Rettung und betete für die Zukunft. Johannes hatte es gesehen, schlich hinzu und zog sie hinweg.

Ist das *unsre* Heilige! fragte er sie strafend.

— *Auch unsre!* sprach Christel gelassen. Sie stellt die Mutter des Heilandes vor, der doch *unser* Heiland ist, und sie bleibt ja auch seine *Mutter*. Ich bin auch eine Mutter, darum lasse mich nur! Mir war das Herz zu weich, und das Auge zu voll, ich dachte nur an den himmlischen Vater, das kann ich Dir sagen — und das Herz ist mir ganz leicht geworden, das kannst Du mir glauben.

Du bist ein Kind! sagte Johannes beruhigt. Aber er führte sie fort, und nach kurzer Zeit sahen sie halb im Gebüsch einen Jäger stehen, der dem Wagen nachsah.

Waren das Eure Kinder? fragte er sie, als sie ihm nahe gekommen.

Sie sind noch unser! Gott sei Dank! antwortete Johannes.

Ihr seid also mit verunglückt, sagte der Jäger mit halbem Frageton! und mit stillen Blicken auf dem hübschen jungen Weibe, den braunen Augen, den rothen Wangen, den vollen Armen ruhend, und dann in sich lächelnd, fragte er Johannes: Wo gedenkt Ihr denn hin? —

Christel entdeckte ihm nun ihr Vorhaben, sogar von wem sie Geld zu erwarten hätten.

Da kann ich Euch rathen! sagte der Jäger; ich heiße Niklas und bin in Diensten auf dem Edelhofe. Von Eurem Gelde weiß ich nun freilich nichts; aber daß der alte Herr Schulden hat, viele, was man sagt: Gläubiger, die an ihn geglaubt haben, das singen die Sperlinge auf dem Kirchdache, wie das eine und dasselbe Präludium des Schulmeisters Wecker, das sie alle Sonntage auf der Orgel hören. Was soll ich es Euch verschweigen! Ich habe selber einmal hinten auf dem Wagen, als wir zur Jagd fuhren, mit angehört, daß er zu seinem Herrn Sohne, dem gnädigen Gottlieb — denn so heißt er — und das ist er auch wirklich, einst sagte: Mein Sohn, lerne von mir! Ich spiele das chinesische Sackspiel, wo zehn, ja zwanzig mit Sand gefüllte Säcke im Zimmer von der Decke hängen, und der Spieler stellt sich mitten in die Säcke, setzt sie in Bewegung, daß sie alle gehen, wie geläutete Glocken: bim baum, bim baum! und nun besteht die ganze Kunst darin: jeden Sack, der ihn stoßen will, selber zuerst fortzustoßen, und weder von den groben Säcken allen zur Seite noch von vorn und von hinten tüchtig getroffen zu werden! Freilich bricht mir der Angstschweiß aus, von der unaufhörlichen Arbeit mit meinen sackgroben Gläubigern! aber ich stehe doch noch fest, wenn auch mit tüchtigen blauen Flecken, woher ich sie gar nicht vermuthet. — Doch ich bin Kreisrath! und halte den Gerichtshalter warm, mich kümmert nur das Proxeneticum! — so sagt' er und lachte. — Aber laßt das nur gut sein, lieben Leutchen! Er hat jetzt eine furchtbare Brennerei angelegt, da das Getreide gar nicht gilt, und wenn er an den vielen Stückfässern sich nicht die Seligkeit an den Hals trinkt, weswegen er in seinem ewigen Taumel schon bei lebendigem Leibe nur der *selige Herr* im Dorfe heißt — und eine rothe Nase hat er sich auch schon bloß angekostet, und statt der Gradewage braucht er nur die Zunge, so ein Kenner ist er — wenn er noch lange der selige Herr bleibt: so hat er, wie er sagt, in wenigen Jahren alle seine Gläubiger sich vom Halse gebrannt und wegdestillirt! Darum habt nicht gerade die größte Sorge, aber desto größere Geduld. —

Wenn er das Sackspiel so gut spielt, meinte Johannes —

— so wird er Euch auch für einen ansehen, glaubt Ihr? Gedanken sind zollfrei. Aber dafür ist der gnädige Gottlieb; das ist ein prachtvoller Mann! dabei blickte er wieder auf Christel — und daß er eine Frau hat, das schadet nichts.

Das sollte ihm schaden? fragte Johannes.

Nun wie ich das meine! versetzt' er. Die Frau ist so schön und brav, daß sie mir manchmal leid thut, aber auch wieder nicht, eben wenn ich bedenke, daß sie gar so brav ist! Da kommt es auf Eins hinaus. —

*Diese* Aeußerung des rohen Niklas bewog Christel, den Jäger das erste Mal freundlich anzusehen. —

Nun kommt nur, kommt! ermuntert' er sie. Bei uns ist kein Raum, auch im Dorfe wüßt' ich eben keinen. Aber ich getraue mich bei dem gnädigen Gottlieb es zu verantworten, wenn ich Euch in ein leeres Häuschen weise. Bewohnt ist es nie gewesen, aber es ist zu bewohnen. Denn in dem einen Stübchen ist auch ein Ofen, daß wir es aushalten konnten, wenn wir früh an kalten Wintermorgen auf die Vögel lauerten, und daß die Locken für den Heerd des Nachts nicht erfroren. Es fließt ein muntrer Bach dabei vorüber in den Main hinab. Aber jetzt kommt Niemand hin; die Vögel haben einen andern Strich genommen, das junge Holz ist zu hoch geworden, und auch der gnädige Gottlieb ist groß und hat nun andre Gedanken. Seht Ihr, dort drüben stehen noch die Krakelstangen für die Vögel, wo sonst in der Mitte der Heerd war; der Platz ist freilich mit Disteln besamt, aber er gäbe bald ein hübsches Gärtchen, und Ihr sitzt im Holze, und anstatt der Miethe thut Ihr ein paar Erntedienste mit der Hand, und ein paar Jagddienste mit den Füßen.

Ist das ein Vogelheerd, Vater? fragte Daniel; Vater, da wollen wir hin!

Der Jäger ging dem Wagen voraus, und so folgten sie ihm zu dem Heerde vom Wege ab.

## 4.

Das Häuschen war nett. Christel öffnete die Thür, stieß die Fensterladen auf, musterte es und sahe, was daraus zu machen sei, und wie Alles eingerichtet werden müsse. Daniel brachte einiges bestaubte Werkzeug hervor, eine Axt, ein Schnittmesser und Stricke und Breter. Johannes stand mit gefalteten Händen noch draußen und hatte den Kopf gesenkt. Christel küßte ihn, lachte und sagte: Vater, mache einen Tisch; und Du, Dorothee, was sitzest Du auf der Schwelle und getraust Dich nicht hinein, oder schämst Du dich! rühre dich, Mädchen, und hole Wasser aus dem Bach, daß Alles wird, wie es soll. Ein Bett ist das Erste! Worin man beinahe das halbe Leben zubringt, das muß bequem und weich und immer gut gemacht sein.

Auch die Ziege bekam ihr Cabinet. Der Staar hatte wieder seinen Sitz auf dem Ofen erwählt. Der ausgetheilte Wein und das Brot langten noch morgen. Und als die Kinder, zeitig zu Bett gegangen, schliefen, als das Feuer auf dem Kamin loderte und in das Stübchen leuchtete, kniete Christel vor Johannes hin, stützte sich auf seine Kniee und sah ihm in die Augen. Bist Du mir gut? fragte sie ihn. — Du armer Schelm! sagte er und hielt die Hand auf ihrem Kopfe. Nun bin ich wieder froh, ich habe Alles! sagte sie fast weichmüthig. Sieh' nur, wie herrlich die Kinder schlafen! und hast Du gehört, wie sie gebetet haben? so fromm wie immer. Nur Daniel weinte still und kehrte sich von mir, als er betete: „unser täglich Brot gieb uns heut'." *Der* fängt schon an zu verstehen, wie den Aeltern um's Herz ist! Morgen haben sie Alles vergessen! Und wenn die Kinder dann fröhlich sind, was fehlt uns denn? Wir sind jung und gesund, und Arbeit ist hier überall; in den Weinbergen ist Plage vom Frühling bis Herbst, und die Ernte will auch geschnitten sein, und der Acker wieder bestellt. Das hört nicht auf, das heilige Jahr! und die Jahre hören nicht auf!

Das geht so fort wie eine Mühle. Und muß denn die Mühle *unser* sein? Den meisten Menschen gehört sie ja nicht, sie gehört nur Einem, der Alle aufschütten läßt, was sie eben bringen. In der Welt nährt eigentlich doch nur die Arbeit mit Ehren, und *Andern* arbeiten, ist ja auch eigene Arbeit und bringt uns *eigenes* Brot. Nicht wahr, mein Johannes?

Johannes antwortete nicht, sondern hatte die Augen geschlossen, und so ruhte sie ein Weilchen mit dem Gesicht auf seinem Schooß. Und — fuhr sie dann lächelnd fort — wenn das Wasser verlaufen ist, gehen wir hinab und sehen, was uns noch etwa geblieben, und was für Fische auf unsern Bäumen hängen!

Du willst mich munter reden, Du armer Schelm, sagte Johannes; aber es ist Dir selber nicht recht um das Herz, sonst würdest Du mich nicht trösten. Das hast Du nicht gewußt. Nun geh' nur auch zu Bett! sieh', Dorothee hat sich schon fortgeschlichen. Die Zeit wird ihr lang bei uns, und nun erst recht lang werden.

Sie weiß, was sich *schickt*, lächelte Christel. Wir sind ja Eheleute! —

Versteh' ich Dich recht, so bist Du ein Schelm! sagte Johannes. — Und Du mein *lieber* Schelm, flüsterte Christel. — Jugend ist doch Goldes werth! meinte Johannes; wer im Alter arm ist, der ist wirklich arm! Lege an, Christel! — Der Kien ist alle; meinte sie lächelnd. — Du bist mein gutes Weib, sagte er; denn Du meinst es nur gut mit mir, weil Du weißt, daß ich Dich lieb habe von Herzen.

Wie ich Dich! sagte Christel.

## 5.

Am nächsten Sonntage gingen sie schon früh hinab in das Dorf. Dorothee blieb bei den Kindern. Sie nahten sich mit klopfendem Herzen; aber ihr eigenes Leid ward gemäßigt, ja überwogen durch das Mitleid mit vielen, vielen Menschen! Sie hörten schon von Weitem Gesang vom Kirchhofe und Geläut von Begräbnissen, die fast kein Ende nahmen. Sie sahen kaum, daß ihre Obstbäume im Garten bis an die Kronen mit Erd' und Sand verschwemmt waren, daß Stroh und Holz in den Aesten hing; sie bedauerten kaum, daß ihr Häuschen eingestürzt und der Boden ausgewühlt war, denn sie lebten, und ihre Kinder lebten alle! und drüben segnete der Pfarrer einen Todten nach dem Andern ein, um in geweihter Erde zu ruhen. Sie traten dann unter die Menge der Betrübten, Neugierigen und Weinenden und begrüßten sich still durch Kopfnicken und Lächeln mit ihren Bekannten. Dann hörten sie die Predigt unter freiem Himmel mit an. Aber Christel getraute sich kaum, ein Kind anzusehen, das seine Mutter verloren; und sie bejammerte nur still im Geiste den Schmerz ihrer Kinder um sie; — oder eine Mutter anzusehen, die ein Kind verloren, oder den Mann, oder Kind und Mann! und sie lächelte ihrem Johannes zu, erkannte ihn kaum und mußte ihn ordentlich bewundern, wie er so in der Sonne stand! Sie getraute sich kaum Gott zu danken, so bescheiden und gönnend schlug ihr das Herz. Und so war sie doppelt reich und beglückt.

Als sie Nachmittags nach Hause gehen wollten, suchten sie noch zuvor auf der Stätte ihrer Wohnung, und die Mutter las ein Körbchen voll allerhand Kleinigkeiten zusammen, die noch zu brauchen waren. Ihre Katze stellte sich ein, die Christel mitnahm, und Johannes fand ein kleines schwarzflecklges Schweinchen auf, das sein gehörte. Auch von Sophiechens Puppen waren zwei in den Zweigen des großen Birnbaums hängen geblieben, ihr Gottlob und ihr Annaröschen; und die Mutter weinte fast vor Freuden. So gingen sie gestärkt durch die Ueberzeugung wieder heim, daß hier nichts mehr zu suchen sei, daß sie nicht *das Beste* verloren hätten.

Als sie nach Hause gekommen, fanden sie Dorotheen artig geputzt, die Haare geflochten, und Christel bemerkte auch ein kleines weißes Bündel, das Dorothee nun unter den Arm nahm, welche sie nur schien noch erwartet zu haben.

Du willst uns wohl verlassen, liebes Mädchen? fragte Christel betreten.

Ich bin Euch jetzt zur Last, antwortete Dorothee; und ich will sie Euch erleichtern.

Du erschwerst sie uns, wenn Du gehst, gute Dorothee, das glaube gewiß! Was Viele mit Geduld und Lust ertragen, das ist kaum ein Unglück, so schwer es zu sein scheint, und so schwer es den Einsamen drückt. Mit wem soll ich mich nun ausreden, wenn Du gingest, wenn Du selbst nicht einmal mehr Ja! sagtest, oder Nein! nach Deiner Art, oder gar nicht mehr zuhörtest! Und wie werd' ich mich erst fürchten hier allein in der unheimlichen, schweigenden Mittagsstunde, und in der Dämmerung, ehe Johannes von der Arbeit kommt? Du meinst es nicht gut mit uns, nicht mit mir, noch den Kindern, Dorothee! sagte sie halb bittend.

Dorothee schwieg und wollte ihr zum Abschied die Hand reichen, ja sie küssen, um die feuchten Augen nicht erst sehen zu lassen.

Wo willst Du denn hin? Du thörichtes Kind, fragte Johannes. Muß es denn sein? — *Uns* gehst Du nichts an, wenn wir Dich nichts angehen, Dorothee!

Dorothee sah ihn an, wandte sich dann zu Christel und sagte: daß Niklas hier gewesen; daß die junge gnädige Frau eine Jungfer brauche, und so wolle sie bei ihr Jungfer werden im Schlosse.

Jungfer werden im Schlosse? fragte Johannes mit sonderbarem Lächeln und meinte: So ein Schloß, wo das einträte, wär' heut zu Tage was werth! und kein *verwünschtes!* Ich weiß des Niklas Worte noch wohl. Ich seh' nicht so dumm aus, als ich bin!

Auch nicht so böse, Johannes! verwies ihm Christel. Man

muß keinem Mädchen und keiner Frau Furcht machen vor einem Manne! das ist der verkehrte Weg, kann ich Dir sagen; in der Furcht regt sich das Böse und wächst wie die stachlige Wassernuß im Teiche. — Will sie ziehen, so laß sie ziehen. Sie hat kein schwaches Gemüth, und was sie thut, das wird sie *wollen*. Darauf kenn' ich sie.

Wird ihr das helfen? fragte Johannes.

Jetzt gerade will ich ziehen, sagte Dorothee entrüstet.

— Im Grunde betrachtet, thut sie so übel nicht, nahm Christel wieder das Wort. Bei uns hat sie nur Arbeit gehabt, selbst in guten Tagen; jetzt hat sie noch schlechte Tage dazu und kann eher bei uns nun das Essen verlernen, als Nähen lernen. Beim Prediger, der sie erzogen, hat sie Alles genug gehabt, Alles bequem, ja nett und schön, bis auf die Handschuh; mein Vater, der sie gleichsam von ihm geerbt, hat sie gehalten besser als mich, da ich in den Jahren war. Nun haben wir sie geerbt, und sie will vielleicht ihr eigen sein, da Niemand Anspruch an sie macht, und wir jetzt scheinen ihrer zu bedürfen. Und sie hat doch Anspruch vielleicht auf ein so schönes Glück als ihr Gesicht, wie irgend sonst ein Mädchen. Denn nicht die Reichen werden immer die Glücklichsten! selten! ja selten nur glücklich. Und Vieles braucht ein Mädchen einst zu wissen, was sie bei uns, bei mir nicht lernt.

Aber zu *dienen* hätte sie nicht nöthig! murrte Johannes. Im eignen Hause die Tochter aufgezogen, und aus der Mutter Hand dem Manne anvertraut, das ist das Beste. — Ich habe keine Mutter und keinen Vater, sagte Dorothee und sahe Johannes dabei an.

Ist denn zu Dienste ziehen so etwas Schlimmes? meinte Christel. Niemand dient ja um das liebe Brot und die Schuh' und die Kleider! Sondern ein Mädchen sieht in fremden Häusern besser als in dem eignen, und mehr und anderes, wie die Wirthschaft geht. Sie sieht und lernt die wichtigen und kleinen Geschäfte einer Hausfrau, sie lernt am

Kinderzeug *ihr* Kinderzeug einst nähen, was zu Hause kaum mehr vorkommt; sie lernt Brot backen oder Kuchen zu kleinen Festen einst bei sich; sie lernt aufmerksam sein und denken, sich loben und sich tadeln lassen, sie lernt einem fremden Willen folgen, nicht bloß Speisen bereiten, die *sie* gern äße, nicht *so* zugerichtet, wie sie wollte, nicht sich kleiden, wie sie wünschte — früh aufstehen, spät zu Bette gehen, vertreten, wenn ein Topf zerbrochen wird, und nicht entgegen reden, wenn sie ein Versehen gemacht, und es entschuldigen will und könnte. Sie lernt schweigen, hören, sie lernt *lernen*, selbst Unrecht erdulden und sich auch für Böses bedanken; kurz sie lernt eine *Frau*, eine *Mutter* werden.

*Das* kann kommen! meinte Johannes. Ich bin arm, recht arm, und werde bei diesen Anstalten Gottes im Leben nicht reich; aber eh ich mein Kind von fremden Leuten — denn die eignen schämen sich — nur scheel ansehen, geschweige — — lieber noch schlagen und mit Füßen treten ließe, lieber soll sie ihren Vater nicht vor Gram in das Grab bringen, wie Deine Schwester Martha Deinen Vater. Von Grund' aus muß man reden! Das Drüberhin ist Sünde, wenn man die Wahrheit im Herzen behält.

Christel wendete sich ab und weinte!

Johannes nahm Sophiechen auf den Arm und fragte sie: hast Du mich lieb? wie lieb denn? meine kleine Tochter! Und das Kind schlang die Händchen um seinen Hals und drückte ihn, daß es zitterte und keinen Athem hatte. — Der Vater weinte.

Da Niemand sprach, sagte Dorothee: So lebt denn wohl! ich gehe. Ich danke Euch für Alles, auch für das!

Christel aber sagte: komm her, noch einmal, meine Dorothee! sieh', hier schlag' ich Dir die Bibel auf, hier lies den Vers mir laut und ohne Beben mit der Stimme; und zu deinem Zeugniß sollst Du mir ihn immer lesen, wenn Du wieder zu uns kommst. Du kommst doch manchmal und siehst, ob wir noch leben?

Dorothee war weich; aber sie las ohne Beben mit der Stimme und laut den Vers:

„Selig sind, die reines Herzens sind, denn sie werden Gott schauen!"

Dann machte sie sich von den Kindern los, die sich an sie gehangen, und ging, ihr kleines Bündel unter dem Arm.

## 6.

Auf dem Hofe war Alles in Thätigkeit, große Anstalten wurden gemacht, denn das Landesväterchen, oder der Ländchenvater sollte durch Breitenthal kommen und auf dem Schlosse übernachten. Niklas nämlich kam und nannte ihn so, weil ein Wolkenschatten sein Land schon überdecken konnte, und ladete Johannes ein, Theil an den Arbeiten zu nehmen und sich ein Stück Geld zusammen zu verdienen. Der selige Herr, sagte er, rechnet sich großen Vortheil von einem solchen Besuch, wenigstens eine nachgelassene schriftliche Sauve-garde gegen seine Ungläubigen, die Gläubiger. Das Memorial ist schon aufgesetzt. Er verschreibt den Juden, so viel Procent sie begehren; denn Alles soll kostbar sein, und das Bett ist auch ein Prachtstück, so daß dem Prinzen schaudern wird, sich hinein zu legen! Da sind goldne Fransen von massivem Holz an den Vorhängen, Quasten, Spiegel, kurz Alles im Zimmer, was ein Mensch gar nicht zu brauchen im Stande ist. Was aber die Zurüstungen zum Empfange betrifft, da sagt er: mit nichts Ernsthaftem kann man einem Großen das Herz rühren; die Thränen lieben sie nicht, lachen müssen sie! Lachen müssen wir! Wer sie zum Lachen bringt, der hat einen Stein in ihrem Brete. Und so hat Er mit dem gnädigen Gottlieb hin und her gesonnen, bis er eine Hauptwache nebst Nobelgarde sich ausgedacht, die dem Gefeierten an der Grenze das Gewehr und sich selbst präsentiren soll, wie noch keine andre Garde in der Welt. Wir haben ein Fichtenwäldchen niedergeschlagen bis auf 24 Stämme am Wege; je zwei und zwei, die dicht neben einander stehen, wie zwei Beine, bilden einen Mann, der ausgestopft wird; oben werden bloß die Wipfel abgeschlagen, die Aeste vom Stamm geputzt, und nun werden die Kerls in mannshohe Stiefeln gesteckt, ihnen Hosen und Westen und Röcke angezogen, Masken vor, und Halsbinden umgebunden, und große Chakos aufgesetzt, ein Seitengewehr umgeschnallt, und losbrennbare Flinten in die ungeheuern Bärentatzen gegeben. Im Rücken aber wird eine Leiter angesetzt, ein natürlicher Mensch steigt in den Corpus und exercirt, wie ein hineingefahrner Geist, den hohen Besessenen. Auch der Tambour darf nicht fehlen und das furchtbare Schilderhaus, wie ein separates Glockenthürmchen, noch der entsetzliche Flügelmann. Die rothbäckigen Masken dazu liegen schon im Tanzsaal; Tuch, Leder, Leinwand, Pappen, Alles ist da, und der Heuwagen voll Schneidergesellen ist gestern Abend, in zwei Etagen sitzend, ins Dorf gejubelt, welche die großen Christophe ausmeubliren und uniformiren sollen. Zum großen Glück haben wir einen wandernden Schuhmachergesellen, den *Ronneburger*, aufgegabelt, der die Stiefeln nach dem großen Stiefel machen soll, welcher, wenn die Gesellen in Ronneburg zampern zu Fastnacht, auf den Straßen wandert wie von sich selbst, einen Sporn am Absatz wie ein Steuerruder; der Wein trinkt, und die Gläser oben zum Schafte hinauswirft, wie ein Stiefel aus einer bessern Welt! Ich habe den lustigen Bruder arbeiten sehen, und so oft er Eins trinkt mit dem seligen Herrn, singt er auf den Helden und Schutz-Patron aller Herrnschuh-Macher und Flicker, den braven Hans von Sagan, den Ehrenvers:

Unserm Hans von Sagan zu Ehren
Laßt die klingende Music am hören!

Ihr müßt Euch einmal die Geschichte von dem Schutzpatron vom Ronneburger erzählen lassen, wenn Ihr bei ihm arbeiten wollt; wie der Hans von Sagan, ein Schuhmachergesell, in Königsberg, das belagert war, in der höchsten Noth einen Ausfall gethan mit seinem Gewerk, die Fahne getragen und als ihm das Eine Bein abgeschossen, noch auf dem andern mit fliegender Fahne unter klingender Musika in den Feind gehopst. Seit der Nacht führen die Herrnschuh-Macher seinen Fuß oder Stiefel beständig im Schilde. — Und auch eine neue Chaussee wird gemacht, ein gerader Weg durch Dick und Dünn, auf jeder Seite ein Graben gezogen, und der Sand und die Steine auf den Fahrweg geworfen. Wäre die Arbeit Euch nicht recht, so könnt' Ihr mit an der Pyramide von Reisig mitten im Dorfe arbeiten, wozu der Schulmeister Wecker die Inschriften macht, und der Gärtner die großen Buchstaben darauf aus Blumen. Der Daniel kann schon Kränze winden, und wenn Eure Christel nähen will, so kann sie mit helfen Westen, Hosen und Röcke für die Mannschaft da draußen machen. Es ist nur ein wahres Glück, daß die Kerls nicht essen und trinken und nicht einmal einrücken, sonst äßen sie ganz Breitenthal auf und tränken die Keller des seligen Herrn bei einigen Frühstückchen aus.

Nun was Ihr wollt, Johannes! ich muß Alles anwerben, was Hände und Beine hat. Kommt mit, kommt nach, und leset Euch Arbeit aus, ich habe nicht Zeit dazu — Gott sei Dank!

So ging er. —

Siehst Du, mein Johannes, Gott schickt uns Arbeit! sagte Christel fröhlich, als Niklas fort war.

Aber was für welche! sagte Johannes halb lachend, halb erboßt. Ist das Arbeit? schickt die Gott? verdient man das Geld nicht mit Sünden? Und *dazu* lassen vernünftige Menschen sich brauchen und singen und jubeln dabei wie die Schneidergesellen und der Hans von Sagan! *Dazu* müssen die Pferde sich fast um das Leben ziehen und sich mißhandeln lassen, als retteten sie Israel. Ja ich konnte es gar nicht ansehen, wenn mein Pathe, der Leinweber, ein alter, sonst ehrwürdiger Mann, 6 bis 7, ja 8 Stunden lang bei der Sonntagstanzmusik im Weinhaus hinter der Baßgeige steht, und immer streicht „G. D.! — D. G.! — G. D.!" denn so viel hab' ich davon gelernt, und ernsthaft bleibt, wie der Baßgeigenkopf, dem er seine Perücke aufgesetzt, während die jungen Burschen um die Säule toben, daß man sein G. D.! — D. G.! kaum hört. Ei, so wollt' ich die Baßgeige! Manchmal ward er aber auch selber wild und strich mit dem Bogen ganz unbarmherzig darein, daß es ein Grausen war. Das freute mich von ihm! Da ist nun gar keine Frage, daß die alte Baßgeige glücklicher ist als der arme Mann, und die hölzerne Säule fast verehrungswürdig gegen die Bürschlein, die mit den Mädchen darum tanzen, ja selber der Branntwein ist nobler, als wer ihn trinkt, und ist es der selige Herr von Borromäus! — Ich lerne die Welt ganz anders ansehen, viel geringer und schlechter, das will ich Dir nur sagen, Christel! Aber das seh' ich auch, wenn sie denn gar so thöricht ist und alles Närrische in ihren Schutz nimmt, wie ein Kind die Puppen: so kommt keiner um, am wenigsten ein Thor und ein Hasenfuß, eher wir, und am liebsten — ich. Den Pathen mit der Baßgeige vergess' ich in meinem Leben nicht, und nun soll ich gar gehen: pappene Stiefel machen! Näh' Du, was Du willst, Christel, wenn Dich's nicht erbarmt, das edle Tuch so zu verwüsten zu einer Weste, wovon wir Alle Rock, Hosen und Westen hätten, Jahre lang — ich bleibe zu Hause und warte auf den Rebenschnitt! —

Du bist ein Kind! sagte Christel. Aus aller Mühe und Arbeit wird ja die Freude! Im Weinberg — was wird denn aus den mühselig bestellten Reben? Nicht wahr Trauben! süße Trauben; und was wird aus den mühsam gelesenen, mühsam gekelterten Trauben? Nicht wahr Wein! lieblicher Wein! — Da hast Du's! Nun schweig' und besinne Dich. Denk' an die Kinder, wenn Du am Wege schaufelst, denke,

Du worfelst Korn für uns, flugs wird der Sand Dir von Golde sein! Die Großen verthun ihr Geld, wie sie nur können, und wie sie wollen, wenn sie es nur verthun. Aber das ist weislich schon so geordnet, sie können es nicht da droben halten, wie die Wolke den Regen nicht, und wir Armen fangen es auf mit der Schaufel, mit dem Hute, mit dem Pfriem, mit der Nadel, mit Säge und Hammer — was Jedem Gott in die Hände gegeben hat. Marsch, mache, daß Du zur *Arbeit* kommst! Willst Du fort! lachte sie und ergriff im Scherz die frischgemachte Kinderruthe.

## 7.

Sophiechens Dukaten war verwechselt, und bei der Sparsamkeit der lieben häuslichen Frau langte er glücklich bis zum Feste, nach welchem das Lohn zusammen ausgezahlt werden sollte. An dem Morgen selbst mußte Christel mit helfen Blumen winden. Johannes arbeitete an der Pyramide und befestigte die bunten duftenden Buchstaben, die an den vier Seiten derselben auf dem grünen Rasen geordnet lagen. Der Schulmeister *Wecker* hatte die Aufsicht. Als er aber sein Werk so prangen sah, war er überglücklich, und wie ein junger Schriftsteller in dem ersten Probebogen seines, so Gott will berühmten, Werks keinen Druckfehler sieht vor Hast und Entzücken: so sah er auch die Fehler des Blumensetzers Johannes nicht, sondern lobte ihn sehr und war ganz begnügt, als er nur erst den Anfang der Schrift der ersten Seite, das SALU — — — gesehen. Richtig! sagt' er, das wollt' ich nur wissen! nun könnt' Ihr gar nicht mehr fehlen, Johannes! Setzt nur die Buchstaben, wie sie geordnet liegen. Ich muß zu Hause nachsehen, mein Fritz schreibt das Carmina. Es ist in rothen Manchester gebunden, den ich aus Anstand von meiner

Seligen Muffe auf dem Altar des Vaterlandes geopfert — der Mann bin ich! Denn werde ich auch nicht General-Schulmeister für die bedungene öffentliche Erwähnung, so wirft mir der selige Herr bei erwünschtem Resultate doch eine Klafter raupenfräßiges Schuldeputatholz an den Kopf, daß meine armen Herren Jungen im Winter — als wo sie bloß in die Schule gehen — nicht so klappern und summen vor Frost wie die Bienen im Stocke. Mit blauen Nägeln schreibt man schlecht, das muß ich wissen! und von zu vielen Knipseln oder Handschmissen, um die Hände zu wärmen, aus Liebe zu sauberer Schrift gegeben, laufen am Ende die Finger auf! bei Manchen gleich zu Anfang! Nun setzt nur Eure Buchstaben ohne Conrector.

Ich will redlich helfen, Euch warm zu machen! versicherte ihn Johannes.

Aber die lustige Dorfjugend buchstabirte darin umher mit Augen und Händen und Füßen. Die Kinder suchten sich den schönen großen wohlriechenden Anfangsbuchstaben ihres Namens; Einer hob ein V auf, ein Andrer ein H. Ein Mädchen hatte ein E und ein M in den Händen, ein andres ein E und ein R, und sie spiegelten damit in der Sonne, ließen sich an die Blumen riechen, ja sie neckten und haschten sich zuletzt um die Pyramide damit umher. Wollt' Ihr die Buchstaben liegen lassen, Kinder, sagte Johannes, ich verschreibe mich ja sonst! Seht der gnädige Gottlieb kommt dort geritten! — So blieben denn plötzlich die Kinder stehen auf der Seite, wo jedes eben mit seinen Buchstaben war, legten sie still in die Reihe und die Lücken, wie es eben kam, und schlichen sich fort.

Der gnädige Gottlieb kam aber wirklich, um dem Prinzen entgegen zu reiten, und hinter ihm ritt Niklas und sein Jägerbursche in Galla, mit aufgesetzten Büchsen. Ein Blick von Niklas auf seinen Herrn, und dieser hielt vor Christel, die vor ihm auf dem Rasen saß und ganz rothgeworden war. Sie erhub sich aber nicht und sahe nicht auf. Der junge

Herr lächelte nur, und sie ritten vorüber. Dann kam auch Dorothee, sehr lieblich gekleidet in ländlicher Tracht, das seidene Kissen für das Gedicht auf den Händen, und andere Mädchen begleiteten sie. Auch Clementine, die junge gnädige Frau, kam ein Augenblickchen, zu sehen, seufzte und schlich sich dann mit gesenktem Köpfchen hinweg. Dorothee aber grüßte kaum ihre Christel, ja es schien sie zu verdrießen, daß Johannes sie Du nannte, und sie fragte, wie es gehe?

Laß sie nur heut', sagte Christel, sie kommt wohl wieder zu uns und spricht mit uns darüber im Hause, wenn sie den Vers liest.

Der Ronneburger und die Schneider schwärmten herbei, standen und gingen dann, ihrer Hände Arbeit in völligem Glanze en parade zu sehen.

Der Prinz kam erst spät gegen Abend. Er hatte befohlen, Schritt vor Schritt auf der neuen Chaussee zu fahren, denn die Pferde schwitzten wie aus dem Wasser gezogen. Der Wirbel der großen Trommel, aus einem Orhoft erdacht, war bis ins Dorf zu hören, die Wache hatte vortrefflich gefeuert und dem Ländchenvater glücklich ein Lächeln abgewonnen. Jetzt hielt er vor der Pyramide.

Aber der Kindertanz mit den Buchstaben hatte die auffallendsten Setzfehler bei Johannes veranlaßt, der nicht lesen und schreiben konnte. Er hatte, wie er angewiesen, die Buchstaben zwar pünktlich befestigt, auf jede Seite der Pyramide, was auf jeder Seite derselben gelegen; aber ein Durchreisender hatte auf schelmische Art die letzte Correctur gemacht und Niemand hatte hier die Schrift nachcensirt. Die zwei anzüglichsten Seiten waren zum Glück dem im Wagen haltenden Prinzen verborgen: nämlich, daß aus dem höflichen „SALUTEM" ein im Zusammenhange mit dem folgenden Worte recht grobes „SALUTATE" geworden, und daß das E M davon an das Ende des BOV gewandert war. Aus dem ursprünglichen

BONO. A. H. war aber vollends das N in das EX VOTO hinum, und das V dafür herum gewandert mit den Kinderfüßen, und das zweite O darin mit dem H vertauscht worden, so daß den guten Herrn nun rührend anschimmerte: „EX NOTH." — Das letzte O aus dem „Bono," das nun abscheulich lautete, war aber durch denselben Tanz oder Corrector in das verwirrte „G Breitenthal" gemischt, so viel davon noch übrig gewesen, und so flehte ihn nun hier auf dieser Seite an: O GIB THALER. Ja die mit römischen Buchstaben ausgedrückte Jahrzahl 1811, die durch das übrige M mit Tausend multiplicirt worden, gab sogar dem mitleidigen Herzen desselben die *Summe* von wenigstens Einer Million und achtmalhundert tausend Thalern an. —

Der Prinz ward roth, befahl auf die Pfarre zu fahren und hinterließ am andern Morgen ein gnädiges Handschreiben an den seligen Herrn, das er offen in die offenen Hände seines Wirthes gegeben, folgenden Inhalts:

Mein Herr Kreisrath von Borromäus! Ich habe Ihr papiernes und pyramidales Memorial gelesen. Resolution: „Abgeschlagen."

Gründe:

Tausend, außer diesem!

Ich kenne keine *bessern* Zeiten, als die *schlechten*. Was kein ohnmächtiger Fürst thun kann, das thun schlechte Zeiten mit Macht: Sie machen dem Volke die Augen auf! über sich, den Luxus und die Unzahl eingeschlichner unmenschlicher Bedürfnisse. Sie setzen das Volk in den wahren menschlichen, so genannten *vorigen* Stand zurück und, gebe Gott, wieder ein, und in integrum! Ich sage es offen, und mein Abgabensystem, alle meine Handlungen beweisen es klar: Ich bin ein Feind der Reichen! der Reichen, die man durch Majorate und Maximats-Herrn wieder zu begründen vermeint, anstatt durch selbstständige Minorate und ignoble Minimats-Bauern; versteht sich bis zum Minimum, das Ein Hauswesen erklecklich nährt. Die Rechnungen nachgesehen — Wer hat in den verhängnißvollen Jahren verhältnißmäßig, ja unverhältnißmäßig *weniger* gegeben als die Reichen? Wer *mehr* gegeben als die Armen? Vom *Thun* wollen Wir gar nicht reden! — Nicht Sonntags ein Huhn in den Topf — sondern: Jeder Mann ein Haus, ein Weib, ein Feld um das Haus — versteht sich Alles nicht in den Topf — und dann die Hände gerührt! So soll es sein, und *so* muß es werden, so *wird* es, o Gott, durch die himmlischen — schlechten Zeiten. Ich bin außer mir, vor wahrer menschlicher Freude. „Honni soit qui mal y pense!" Sind die schlechten Zeiten nicht die besten? — Resolution: Ja! — Und Sie, lieber von Borromäus, nähern sich laut Memorial, das die Sache ganz falsch ansieht und vorträgt, mit großen Schritten auch diesem allervortrefflichsten Zustande, und Sie sind mir erst doppelt lieb und schätzbar! Ich will Sie umarmen als nun ganz den *Meinigen*, der Mich und Meine Intentionen verstanden und sie praktisch ausgeführt! Mir zur Freude und Andern zum Exempel, das Belohnung, Erhebung verdient, nämlich nach unserm System: *Nichts*, und daß ich Sie ganz *fallen* lasse, bis in Ihr Häuschen. Ich komme selbst, neben Ihnen zu wohnen, wenn Sie nur *ein* Haus, ein Weib, ein Feld um das Haus haben und die Hände rühren — und weiter nichts (scilicet haben)! Das wünsche Ich und flehe Ich vom Himmel tagtäglich jedem Reichen *nur!* jedem Armen *auch!* So hebt sich der alte Mißstand. Meine Herren Brüder arbeiten alle an diesem frommen Plan für das große Reich, und ich treffe dazu alle möglichen Einleitungen und Vorkehrungen unerbittlich aus — Armen-Liebe. *Jetzt:* Armen-Liebe, aber dann: *Menschen*-Liebe. Das sind die glücklichen Männer, die eine Frau nicht zum Staate brauchen, sondern in deren Hause sie die Hausfrau ist und alle Hände vollauf mit Tisch, Wäsche, Küche, Keller, Garten und Kindern zu thun hat, und Alles allein thun muß. Das sind auch die glücklichen Weiber! Denn anordnen, müßig bereiten sehen, nachsehen, *ob* etwas — und tadeln, *wie* etwas gemacht ist, das heißt *bei Gott* nicht Wirthschaft führen! das macht nicht glücklich, wie ein braves Weib ist, sondern unglücklich, wie der Ueberfluß macht, die Unsitte und das Wohlgefallen an den unmenschlichen Dingen und Sachen! Jetzt träumen die Menschen alles Andere zu sein: Fürsten, Grafen, Ritter, Nobles, Kreisräthe, kurz geradezu Alles — nur nicht Menschen! Alles haben zu wollen — nur nicht das Menschliche! Wann wird doch *die* Phantasie einmal das Volk anwandeln: Menschen zu sein? Indessen der Komet! der Komet! guten Wein wird er machen, sprechen die Weinhändler, theuern, raren Wein! Ich sage: gute Menschen, rare Menschen! Es wird Krieg, geben Sie Acht, 1812. Also zu Jahre. Ich kann es Ihnen sagen, denn ich komme von Adam her, nämlich von dem neuen prophetischen Bauer, der mich ganz beruhigt hat und mir die schlechtesten Zeiten verheißen. Er ist der Schlüssel zu mir. Ihm folg' ich, und ihn befolg' ich. Das zu *Ihnen* gesagt.

P. S.

Ihre Hauptwache hat Wunder gethan; sie hat mich entschieden — meine Hauptwache zu entlassen. Mehr ist sie ja pro tempore doch nichts. Diese Revue hat mir *meine* erspart! Man kann nicht Soldaten *machen*, nicht *ansäen* wie Fichten und *einhegen* — *das* haben Sie Mir gezeigt, und verdienen eine Bürger-, ja eine Bauer-Krone! Mein Armeechen kann fortlaufen, übergehen, sich schlecht schlagen — aber hab' ich die *Meinung* für mich, besonders diese, daß ich alle Welt gern arm haben will: so läuft mir jeder Knabe zu, sogar aus fremden Staaten, und meine Leute lassen sich geradezu todtschlagen für mich. Was will ich mehr? sagen Sie selbst, von Borromäus! Ich danke also nochmals von ganzem Herzen, Sie haben meinem Ländchen Millionen erspart und tausend Hände und Beine geschenkt, ditto viel Tausend Chakos, Säbel, Flinten. Trommeln, Röcke, Tornister, Westen, Mäntel — die Knöpfe nicht zu vergessen!

An der Inschrift sind Sie unschuldig, das weiß ich, und es sagt es Ihnen gern

Ihr

in Affect gerathener
Hannes
Manu propria.

Die erste Folge davon für den armen Johannes war, daß er vor dem Gerichtshalter ein Examen rigorosissimum auszustehen hatte und den Beweis führen sollte, daß er *nicht* lesen und *nicht* schreiben könne! Der außerordentlich gewandte Mann wußte in diesem Fall selber einmal nicht, wie er ihm das Lesen und Schreiben beweisen könne, wie Johannes mit Augen und Buch und Feder und Hand das *nicht* zu beweisen vermöge. Seine Praxis war hier aus, und er bedauerte laut die Abschaffung der Folter, worauf man jeden Unschuldigen schuldig finden konnte — ad Collubitum. Aus Desperation ward also der Schulmeister Wecker suspendirt „wegen ermangelnder Absicht"; wie statt Obsicht im Urtheil stand.

Aber die zweite Folge war: Johannes bekam zur — Strafe — kein Lohn für alle wochenlange Arbeit. Das war das Schlimmste für ihn, seine Christel und die Kinder, und ein wahrer Schlag in den Vogelheerd.

**8.**

Johannes war nun sehr betreten und muthlos. Meine gute Christel, sagt' er, Du bist schlecht bei mir angekommen! es thut mir leid, daß Du mich geheirathet hast, daß Du des Wochentags in Sonntagskleidern gehen sollst, Du armer Schelm! Unsere Retter sind nun noch die Weinberge, und die Stöcke, die da zu stecken sind; da geh' ich nun hin und muß Dich die ganze Woche über verlassen, und sehe Dich nicht und die Kinder! Aber wenn ich Reben schneide, und sie weinen und tröpfeln, da kann ich mir denken, wie es daheim um Deine Augen aussieht! Du armer Schelm! —

Wein' ich denn? fragte ihn Christel und sah ihn mit ihren großen braunen Augen an, die sich regten und feucht glänzten.

Dir sind die Augen naß, meine Christel, sagt' er.

Nun ja, über Dich! daß Du so traurig bist, daß Du sprichst, es thue Dir leid, daß Du mich geheirathet hast.

Sie weinte nun wirklich sanft.

Deinetwegen nur thut mir es leid, sagte Johannes.

Ich bin ja munter und vergnügt, sagte sie, so sei Du nur ruhig.

Wir können fast nicht unglücklicher werden, als wir schon sind, seufzte Johannes. Da, verschneide mir meinen Kirchrock zu einer Arbeitsjacke, ich schäme mich sonst so im Staate.

Gieb ihn mir, ich will es gleich machen; aber von den Schößeln bekommt der kleine Gotthelf ein Käppchen, nicht wahr? Aber, daß Du sprichst, wir könnten nicht unglücklicher werden — das sage nicht! Da hätte der Himmel noch viel! Bitte lieber, daß wir so glücklich bleiben!

So ward denn die Jacke und das Käppchen gemacht, das dem Kinde nur bis an die Kniee ging, und Johannes war nun die ganze Zeit in den Weinbergen und kam nur Sonnabend nach Hause. Das wußte nun Niklas.

Aber der gnädige Gottlieb hatte Christel gesehen, als er mit dem Pferde vor ihr gehalten, sie nicht vergessen, sondern in einiger Zeit erst, hatt' er sich vorgenommen, mit der größten Gelassenheit und anscheinenden Ehrlichkeit das junge liebliche Weib zu sehen und ihr nahe zu kommen und ihr einige Wörtchen aus seinem bedeutenden Munde zu sagen. Jetzt auf das Häuschen von einer verborgenen Seite zu wandelnd, wollte er leise und ungesehen nahen, ohne anzuklopfen plötzlich die Stubenthür öffnen und im saubersten Anzuge still eintreten und ihr wie ein Halbgott erscheinen. Sie sollte vor ihm erschrecken, ihn anblicken und auf einmal die ganze Gewalt seiner Zaubererscheinung empfinden! Er reichte ihr schon in Gedanken die Hand hin, die sie ihm küssen würde — er würd' es verweigern. — Sie sollte in höchster Verlegenheit sein, einen hölzernen Schemel abwischen, vielmal den Wirrwarr der Kinder entschuldigen, vor die papierne Fensterscheibe im Fenster treten, in die Kammer gehen, mit einer bessern Schürze, mit weißen feinern Strümpfen wieder hervorkommen und sich gar nicht über die Erniedrigung und hohe Gnade zu gute geben können, daß der gnädige Gottlieb ihre — seine — niedrige Hütte mit seiner hohen Person beehrt zum unvergeßlichen Angedenken, zum Traum in der Nacht. Dann sollten die Kinder ihm mit Gewalt ihre Diener machen, die sich ungeschickt stellten; darauf sollten sie aus dem Zimmer hinaus spedirt werden; dann wollt' er ihre Hand fassen, sie drücken, sie halten und sagen: So ein schönes Weib ist der alberne Johannes gar nicht werth! Wie glücklich würd' ich sein, an seiner Stelle! — Dann wollt' er seufzen, ihr in die Augen schmachten und sagen: Wir müssen zusammen näher bekannt werden! Nicht? Du hast mich bezaubert! Ich hatte keine Ruhe mehr Tag und Nacht, seit ich Dich gesehen, die Blumen im Schooß. — Dann wand er einen Arm leise und vorsichtig um ihren schlanken Leib — sie bebte, sie zitterte mit den Knieen. Dann küßte er sie, ein Mal, zwei Mal, drei Mal — dann fühlte er leise einen nur angedeuteten Kuß wieder, dann küßte sie deutlicher, länger

— dann sog er an ihren Lippen — dann fragte er nur flüsternd: sind wir allein? — Aber sie wand sich los, stand glühend und wagte kaum zu sagen: ich bin ja nur ein schlechtes gemeines Weib, und Sie so ein großer, vornehmer Herr, Sie werden sich ja nicht zu mir herablassen. — Du bist ein Närrchen! sagt' er. Deinetwegen bin ich allein gekommen! Bin ich nicht hier? Hast Du mich nicht? — Aber Sie haben ja so ein schönes, junges, gutes Weib! — Und Du einen grämlichen, einfältigen Mann! — Und nun schämte sich Christel, fühlte sich ohne Willen, ohne Kraft, ohne Worte und erstaunte über die Kühnheit, daß sie ihn geküßt, über das Glück, daß er sie geküßt, und glaubte, er habe nur gescherzt! und sie sah ihm zweifelnd, beklommen und bewundernd in die Augen, als seine ganz unterthänige Magd, der geschehe, wie er gesagt hat. —

Oder:

War sie nur angestochen von seinem Blick, sahe sie ihn, wenn er *kam*, nur an, und dann nicht, und nur wieder, wenn er fortging, und sah' sie ihm nach — bat sie ihn wieder zu kommen — sah er sich genöthigt, die Schule mit ihr durch zu machen, so gab er große Lectionen auf einmal, und die Schülerin schritt mit großen Schritten vorwärts. Denn aller Feinheiten, aller Mitteltinten der Liebe war er bei ihr überhoben. Und wie er als Knabe hier auf dem Heerde immer mit *denselben* Disteln hundert schöne Stieglitze nach einander gefangen, hundert Rothkehlchen immer nur mit frisch eingebeerten rothen Ebereschbeeren: so war er überzeugt, daß dieselben Liebesmittel seine alte Liebeskrankheit auch dieß Mal heilen würden.

Er lächelte nur — auch über das Weib, sah, ob er Gold in der Weste habe, fühlte *seinen getreuen* Dukaten, den Armerleuts-Augenblender, erst richtig darin, und ging nun sicher die letzten Schritte fast zu rasch.

So öffnet' er denn, so trat er ein. Sein Auge suchte das junge Weib — Niemand zu sehen! Ein Tisch in der Mitte, trockenes Brot darauf, und ein blankes Salzfaß, kaum ein Stuhl; ein Stück zerbrochenen Spiegels auf dem Fenster, in der Wiege am Bett ein schlafendes Kind. Der Staar vom Ofen rief ihn an: „Du Dieb! Du Dieb!" Mit dem Fuße, den er in die Stube setzte, trat er das andere kleine Kind auf sein Händchen, das er ganz übersehen. Das Kind schrie. Sein Solofänger fuhr hinein und fiel über ein irdenes Näpfchen mit Milch für die Kinder her. Der Staar flog auf den Rücken des Windspiels und pickte in ihn hinein. Es wandte sich, schnappte nach ihm, und der Staar fiel todt auf die Erde. Daniel kam hereingesprungen, sahe den todten armen Dieb, brach in Thränen und Klagen aus, und so trat denn auch Christel aus der Kammer herein, die Gelte in der Hand.

Sie nahm das getretene Kind auf den Arm, begütigte es erst und schalt dann Daniel, daß er darauf nicht Acht gegeben, während sie gemolken, und das Alles, als wenn der gnädige Herr gar nicht zugegen wäre. Dann ging sie und reichte ihm die Hand und fragte, was er bringe? — denn zu holen ist bei uns nichts, wie Sie sehen, sagte sie lächelnd.

Er wollte den Gang nicht umsonst gegangen sein, leitete das Gespräch, und so wiederholte er nach und nach jene Worte, jene Reden, die er vorher in seinem Herzen gehalten. Und das Alles sehr allmälig und langsam, oft inne haltend und mit den Augen forschend, bis er Johannes albern genannt. — Aber da brach Christel in Thränen aus und schluchzte vor Wehmuth und Scham, und wie sie weinte, weinten die Kinder, und so wenig, als Christel zuvor, mochten auch sie den Dukaten nicht, den er Einem nach dem Andern bot und zuletzt auf das Brot legte.

Wenn Du so bist, Du Engel, dann komm' ich nicht wieder! versetzt' er im Gehen mit Drohen und Lächeln.

Ja! machen Sie mir die Schande nicht! flehte ihn Christel und drückte und küßte ihm nun die Hände, aber anders, wie er zuvor im Geiste gesehen. Mein Johannes könnte wieder nicht zu Hause sein — Sie sind verrufen, und wenn mich Jemand aus dem Dorfe anlachte: so nähm' ich mir gleich das Leben! Dabei drückte sie das Kind an ihr Herz, als wenn sie schon von ihm scheiden solle.

Das war zu natürlich, ja schön und bezaubernd, nur nicht für ihn, daß er ihr glaubte; denn er wußte, wie leidend, wie krank seine Gemahlin sei, aus stillem Gram über ihn. Es ward ihm schwül unter dem Dache, er sah von Weitem den handfesten Johannes munter und rasch nach Hause schreiten, denn es war Sonnabend, und so legt' er den Finger auf den Mund und ging ohn' ein Wort, und der Hund boll um ihn her.

Johannes trat ein. Er sah, daß die Frau sich die Thränen trocknete und ihn wehmüthig lächelnd ansah, und doch eine selige, unergründliche Heiterkeit aus ihrem Gesicht wie leuchtete. Dann sah er das Gold auf dem Brote, glaubte zu verstehen und sagte: der Niklas hat doch vielleicht recht, der gnädige Gottlieb ist doch gut! Aber Almosen — Almosen, auch von Golde, verzeih' mir Gott! ich mag sie nicht. Was meinst Du, Christel? Oder denkst Du anders? —

Freilich denk' ich anders, sagte sie; ich hab' es gar nicht gesehen! Mein Johannes, das wäre theures Gold für Dich! nicht wahr, so wohlfeil verkaufest Du mich nicht? und ich Dich nicht; um gar keins! die Kinder nicht, die dann nicht mehr mein wären, und das gute Gewissen, und die Seligkeit.

Das ist mir lieb, Christel, sagte Johannes ruhig; ich verstehe Dich, ich hab' ihn sehen gehen, den gnädigen Gottlieb. Du bist eine brave Frau, daß Du mir das sagst; denn eine brave Frau muß nicht solche schändliche Dinge dem Manne verschweigen, aus Scham oder Furcht oder um ihm einen Gram zu ersparen. Was sie ihm sagt von solcher Art, das macht ihm Freude. Es ist nur gut, daß wir Armen noch Ehre im Leibe haben, wir haben ja sonst nichts.

Ich bleibe nicht hier im Hause! sagte Christel, auf seinem Heerde nicht, und nirgend auf seinem Grund und Boden. Das ist mir hier gar nicht wie die Erde mehr unter meinen

Füßen.

Ich ärgere mich nicht, sagte Johannes. Sondern in allen bösen Dingen ist das Beste, das zu thun, was dem Dinge abhilft. Wir ziehen fort, ins Dorf! Ich will noch heute gehen! und dem Niklas will ich es sagen warum, wenn er mich fragt, sonst auch nicht.

Aber, mein Johannes, geh' nur nicht zu einem Wohlhabenden ins Haus! bat sie ihn. Siehst Du, der Schwan läßt keine Ente neben sich brüten; die Sperlinge beißen die Schwalbe aus ihrem Neste; große Bäume ersticken die kleinen darunter, aber das schüchterne Reh nimmt das kranke Reh in sein Dickicht, und der Arme theilt sein Lager mit dem Armen. Bei ihm ist kein Sparen der paar Kreuzer; zum Sammeln kommt es bei ihm ja doch nicht; er hat immer, weil er weiß, daß er niemals mehr erwirbt, sondern auf den Herrn vertraut, der ihm das gegeben, und so hat er auch in der Noth für einen Andern. Und wer uns nur manchmal bis zum Sonnabend jetzt einen Groschen leiht, der verdient sich ein Gotteslohn. Geh zu der alten Frau Redemehr am Teiche, wo die zwei Tannen stehen! Ich bin ihr manchmal begegnet.

Und Johannes ging. Daniel aber machte einen Sarg aus Baumrinde für seinen armen Dieb, die Kinder sangen und trugen ihn zu Grabe, machten ein kleines Grab von Rasen, setzten ihm ein Kreuz und hingen einen kleinen Kranz von Vergißmeinnicht daran und weinten sich satt.

Aber damit war es nicht genug. Der Dieb fehlte beim Frühstück, er sang nicht nach dem Essen, sein Brot lag des Abends noch da. Und so nahmen ihn die Kinder wieder aus seiner kleinen Gruft, sahen ihn wieder an, sangen und begruben ihn wieder, alle Abende, bis er nicht mehr zu begraben war, die Mutter ihm wo anders ein Ruheplätzchen gab und den Kindern, die ihn suchten, zum Troste sagte: Dieb ist im Himmel.

## 9.

Im Häuschen der armen Frau lebten sie nun zufrieden, ja sie wären glücklich gewesen, wenn sie nicht Geld zu hoffen gehabt, oder gehofft hätten! So gefährlich für die Ruhe des Herzens ist das Gold, und die Armuth nur drückend, wenn man reicher sein will. Der Zwiespalt im Innern befängt den Menschen, und er machte auch Johannes blind über das Glück, das er hatte, und er konnte nicht Freude aus der Armuth schöpfen, wie die Biene Honig aus der einfachen, aber wunderschönen Fichtenblüthe vor seinen Fenstern.

So sprachen denn Christel und Johannes kein Wort, als der Gerichtsbote zu ihnen trat, als sie fast ihr ganzes, sauer erspartes Geld für Kosten bezahlen mußten, und Christel das Siegel der Zufertigung erbrach und las: daß der selige Herr *geschworen!* Christel hatte nicht schwören wollen, da ihr der Gerichtshalter in der sogenannten Vermahnung den Eid als ein so heiliges, schreckliches Unterfangen vorgestellt, daß das arme junge Weib vor demselben, als vor der Entweihung göttlicher Majestät, geschaudert. Der Voigt war todt; und wohin der Vater den Empfangschein gelegt, oder wo verborgen und aufgehoben, das wußte sie nicht. —

Sie ging des Sonntags in die Kirche, zu unserm Herrgott, wie sie sagte, *dem* ihre Noth zu klagen.

Aber die Ernte kam, Christel ging Getreide schneiden, und die geborgte Sichel war bald ihr eigen. Sie ward lieblich gebräunt in der Sonne, da sie keinen Strohhut hatte, sie war noch einmal so hübsch. — Wenn Du noch lange Weizen schneidest, sagte Johannes, so verlieb' ich mich noch ein Mal in Dich! — Ich will recht fleißig schneiden! sagte Christel. Aber wie lange wird es dauern, so ist die Weinlese, dann kommt der Winter, der Winter! mein Johannes. Johannes seufzte wie sie, aber sie waren nun ruhig: das Geld war verloren — das Haus war gebaut! die Hoffnung quälte sie nicht mehr. Sie waren kleine Leute, arme Leute, wie Viele, Viele, die kein Haus hatten, und das gemiethete Stübchen war nun *ihre Heimath*, und Johannes setzte Alles darin in den Stand. So sollte es nun bleiben, lange, auf immer, bis zum Tode. Selbst sein dürftiges, sonst nur bemitleidetes Hausgeräth war *nun erst* wie sein eigen und ward ihm theuer und werth, die Jacke bekam ihm einen ordentlichen Glanz — und einen bessern Ort; und wo er ging und stand, da war er nun auch mit seinen Gedanken. Aber indem er seine Lage, die neue Gegenwart mit ganzer Seele ergriff, umfaßt' er zugleich auch den Mangel.

Christel hatte schon lange ihrem Vater, dem Pächter, der auch Johannes hieß, und ihrer bei ihm gestorbenen Schwester Marthe bei dem Steinmetz ein einfaches Denkmal bestellt und vorausbezahlt. Der Mann wohnte in Breitenthal und kam eines Tages, um ihnen zu sagen, daß es fertig stehe, und daß es ihr eigen sei, wenn sie noch den Gulden für die Vergoldung der Namen bezahlte.

Sie hatten das Geld nicht, und Daniel erinnerte an den Ducaten vom gnädigen Gottlieb. Aber der lag da, bis Dorothee käme, um ihn mitzunehmen. Dennoch ging

Johannes mit Daniel in die Werkstatt, sahe, daß der Stein fertig war, und Daniel las ihm die Schrift des vom Großvater erwählten Textes:

Halt fest an Gottes Wort,
Es ist dein Glück auf Erden
Und wird, so wahr Gott lebt,
Dein Glück im Himmel werden.

Der Mann putzte Alles rein vom Staube und hielt die Hand zum Gelde hin.

Ich werde wiederkommen! sagte Johannes. Er ging aber mit thränenden Augen, und Daniel sprang heute nicht an seiner Hand.

Sie begegneten Niklas, der stehen blieb und mit barscher Stimme sagte: Johannes, Ihr fürchtet Euch wohl? — Freilich! erwiederte er; aber nur vor der Unverschämtheit! die muß man vermeiden.

Niklas hörte das nicht und sprach: Ihr seid für Eure Miethe im Vogelheerd noch Jagddienste schuldig. Morgen ist Jagd. Früh um 6 Uhr an der Waldkapelle!

Ich will nichts schuldig bleiben! sagte Johannes. So schieden sie.

Am Morgen ging er als Treiber zur Waldkapelle. Christel ging mit. Aber sie ging weiter mit einem Korbe ins Dorf hinab, um die Früchte von den Obstbäumen in ihrem Garten zu holen. Aber sie sah schon von Weitem nichts leuchten, nicht roth, nicht gelb! Denn da die Bäume bis an die Kronen verschlemmt waren, so hatten gewiß die Kinder sie sich zu Nutze gemacht.

So ging sie betrübt zum Leinweber und Contrabassisten, auch ihres Mannes besonders guten Pathen und ihren Gevatter und darum sogenannten Herrn Gevatter-Pathen *„Krieg."* —

Gut, daß Ihr kommt, Christel! sagte er fröhlich. Ihr erspart mir einen Gang zu Euch hinauf. Hat der Pathe nicht Numero 96, und Numero 15,000? von der Frankfurter?

Warum denn? fragte Christel. Johannes hat sie an die Stubenthür geklebt, daß sie nicht verloren gingen.

Da bringt mir das Feld aus der Stubenthür! oder sägt sie aus mit der Lochsäge. Ich möchte die Nummern doch einschicken. Es ist zwar hierbei zu gering, aber Ordnung ist doch gut. Bringt mir sie nur, mein Pathchen. Warum denn? fragte Christel leiser und war ganz roth geworden.

Nun erschreckt nur nicht, Pathchen! setzt Euch nieder und hört mich an! Die 96 hat 300 Gulden. — Ja, ja! seht mich nur an! hier ist die Liste, hier hab' ich's roth gezeichnet. Die 15,000 hat meine Auslage gerade gedeckt, und hier sind die 300! Ein Stück wie das Andere, blank und neu! — Dann setzt' er sich wieder an den Weberstuhl. —

Christel saß ruhig, aber sie hatte die Augen zu und wand die Hände wie jemand, der sich wäscht, um nicht vor den Leuten sehen zu lassen, daß sie bete und danke. —

Und dort ist ein Fäßchen Most, Kometenmost, wie er heißt, das nehmt Euch im Körbchen mit hinauf und trinkt ihn auf meine Gesundheit! sagte der Pathe. Nun, es ist mir lieb, von Herzen lieb, ja noch lieber, als wenn mir Jemand eine neue Perücke und einen nagelneuen echten cremoneser Contrabaß aus Prag oder Mittenwalde geschenkt hätte, mit silberbesponnenem E, und Schrauben! Meine alte Rumpel-Mama ist im Wasser zerfallen, da steht noch der Hals. Mein Brot ist verdient! —

Christel schüttelte ihm von dem Gelde ein gutes Theil auf die Leinwand, aber er fing an, den Stuhl zu rühren, das Schiffchen zu werfen und trat und dichtete mit dem Zeug, daß die Leinwand schütterte, und tanzend alles Geld hinunter fiel.

Da habt Ihr etwas für Eure Mühe, mein curioses Pathchen! lacht' er. Nun leset es auf, aber laßt mir nichts liegen! So war es nicht gemeint! Ich meinte: mein Brot mit der Baßgeige wäre verdient, aber nicht das mit dem Schiffe! In dem Weberstuhl stecken noch mehr Brote als in hundert

Backöfen — ja, ja! guckt nur hinein, curioses Pathchen, duftet das Brot nicht gar?

Christel war böse.

Nun danken will ich Euch schon, das ist billig für Euern guten Willen! da nehmt den Kindern die Schlinge Leinwand mit! Nun aber macht, daß Ihr fortkommt, sonst seh' ich die Faden nicht! Und nun trat er wieder frisch und schlug und warf das Schiffchen, daß er keine Hand frei und ruhig hatte, die ihm Christel hätte drücken oder gar küssen können. Und als sie draußen war und noch ein Weilchen stand, sang der alte Mann sogar.

## 10.

So schnell war Christel das erste Mal nicht hinaufgeeilt, als dieß Mal. Sie dachte sich nur die Freude, die ihr Johannes haben würde, wenn er nach Hause käme. Als sie in die Stube trat, küßte sie die Kinder erst, die sich an sie hingen, alle nach der Reihe, und die Geküßten drängten sich wieder an sie, und sie glaubte in ihrer Freude, sie habe noch zwei und drei Mal so viel Kinder als sonst! Dann sah sie nach den Nummern an der Stubenthür — sie waren weg! sie lief hinzu — die Thür stand nur weit offen — sie waren noch da! Es waren richtig Nr. 96! und 15,000! die ein schwarzes Kreuz hatte. Darauf zählte sie das Geld weitläufig auf, daß der ganze Tisch davon voll ward.

Nun ging sie ans Fenster, um zu sehen, ob Johannes käme, und sahe nun erst den Leichenstein, den der Steinmetz gebracht und in die Stube gestellt, damit er vielleicht nicht draußen beschädigt werde, und las den vergoldeten Namen „Johannes" und „Martha" und das: Halt' fest an Gottes Wort.

Wer hat denn bezahlt? fragte sie den Daniel.

Er hat ihn so gebracht, antwortete er und ward roth.

Du lügst! sagte die Mutter, sieh', wie Du roth bist! Nun weine nur nicht, mein Kind. Wer hat denn bezahlt?

Mutter! bat Daniel.

Daniel! drohte ihm die Mutter!

Ich wollte dem Vater zu einem heiligen Christe sparen.

Wovon denn? fragte sie.

Du hast mir ja immer gebracht — Du weißt schon was! sagt' er.

Guter Junge, rief die Mutter sich besinnend. Ja! die Wirthin hat mir gesagt, Du verkauftest die Weintrauben und Pfirsiche, die ich Dir aus den Weinbergen Abends immer mitgebracht, und lauertest auf der Schwelle auf jeden Fremden und Reisenden, ob er nicht zu Deinem Schemel, zu Deinem Schüsselchen komme? — Und Du hast keine gegessen?

Mutter! sagte Daniel.

Christel beugte sich zu ihm, und Daniel war still an ihrem Halse.

Da hielt ein Wagen vor dem Hause, Stimmen riefen: heraus!

Christel sprang hinaus an den Wagen.

Johannes reichte ihr die linke Hand über die Leiter, das Stroh war blutig. — Das Volk schießt auch gegen die Treiber, anstatt dem Wilde nach, wie blind und rasend! sagte der Fuhrmann; als ob gar Niemand mehr in der Welt und im Dickicht wäre als ein lumpiger Hase! oder noch weniger bedeute! Aber das muß geschossen sein, wenn auch gefehlt und dennoch getroffen. Hier kann er nicht bleiben. Faßt nur an! Zum Klagen ist danach schon Zeit! —

Als Christel ihren Johannes hineintragen half, konnte sie ihm nicht in das blasse Gesicht sehen, sie blickte seitwärts, und ihr wehmüthiger Blick fiel gerade auf den bereitstehenden wie wartenden Leichenstein und den goldenen Namen: Johannes! — Sie schrie laut und brauchte nun selber Beistand.

Als sie wieder zu sich kam, setzte sie sich im Bette auf und sah sich um nach Johannes und horchte. Er war in guten Händen; er war schon verbunden und lag ruhig. Die gnädige Frau hatte den Arzt in das Haus gesandt, der zwar aus der Stadt war, aber sie selbst öfter und tagelang besuchen mußte.

Sie stand auf, sie kniete zu seinem Bett, sie weinte erst auf seine Hand und küßte ihn dann auf die kalte Stirn. Sie hatte vergessen, und wenn sie auch noch daran dachte, so konnte sie ihm nicht sagen: Johannes, sieh' doch, da ist das Geld! sieh' doch, da ist der Leichenstein! —

— Er schlief. —

## 11.

Am andern Morgen erwachte Johannes zeitig, so still auch die Kinder saßen und auf seine geöffneten Augen, sein erstes Wort harrten, so leise auch Christel auf Socken im Stübchen umher ging, und nur die nothwendigste Arbeit verrichtete. Aber er glaubte, er träume noch, oder er sei gestorben, da er den Denkstein sah.

Bist *Du* denn hier? Christel, fragte er.

Ist das Sophiechen, die hier zu meinen Füßen im Bette sitzt? Ja, das ist ja ein Bett, ich habe geschlafen. Er wollte sich wenden, vielleicht aufstehen, und fühlte dadurch erst seine Schmerzen.

Ja so! — jammerte er für sich. Es hat nicht eben Noth, ich vergaß mich nur; sagte er zu Christel. Wenn ich nur wüßte, wer geschossen hätte?

Laß das gut sein! und werde nur wieder bald gesund; sprach Christel weich und besorgt.

Daniel hat mir ja gestern gelesen, was auf dem Steine steht: Halt' fest an Gottes Wort! —

Da brachte sie ihm das Geld auf das Bett, und Daniel

lachte ihn an.

Er hielt es eine Zeit lang in der Hand und fragte dann sich besinnend: Christel, weißt Du nicht, welches Loos hat denn gewonnen?

Das ist ja nun einerlei, lächelte sie. *Wir* haben gewonnen! Nun kann ich Dich pflegen! —

Das ist nicht einerlei! sagte Johannes. Du redest, wie Du es weist, und ich denke, wie ich es weiß. *Welches* hat denn gewonnen?

Je nun, die 96! lächelte Christel.

Was weiß ich von 96! fuhr Johannes fort. Du mußt mir sagen, ob das mit dem schwarzen Kreuze — so Gott will, wenn er gewollt hat, oder das reine? Sieh doch einmal hin!

Das mit dem schwarzen Kreuze, sagte Christel an der Thür stehend, lauter: ist No. 15,000.

Nun das ist unser! sagte Johannes.

Und das andre, 96, das reine, hat eben gewonnen! bemerkte ihm Christel. So sagt der Pathe Leinweber. Da sind auch die Listen. Es ist roth unterstrichen.

Was weiß Der! seufzte Johannes und schwieg sehr lange.

Nun was ist Dir denn? freue Dich doch! — Freilich Du bist krank! setzte Christel zu ihrer Frage bedenkend hinzu.

Er nahm sie bei der Hand und sagte: sieh', meine Christel, das Loos, die 96 ist unser.

Nun so ist ja Alles gut! unterbrach sie ihn.

Recht gut! sagt' er. Aber das Geld ist nicht unser.

Du bist ein Kind! lachte sie. Da ist es ja! —

*Schicke* es nur der Dorothee! sagte er, da sie uns ganz vergessen hat und keinen Fuß zu uns armen Leuten setzt, die ihr Schande machen.

Der Dorothee? das Geld? fragte sie ihn betroffen, etwas blässer und gespannt. —

Siehst Du, liebe Christel, das Loos habe ich in *Gedanken* auf die Dorothee genommen. Sie hat es auch gezogen, und auf das unsere hab' ich zum Zeichen und Unterschied für mich ein schwarzes Kreuz aus Daniel's Tintenfasse gemacht.

Das ist freilich etwas Anderes, seufzte Christel. Konntest Du nicht das schwarze Kreuz auf das andre machen? Das war recht thöricht!

Du seufzest, Du siehst böse aus; ich will doch nicht hoffen, Christel, meine gute ehrliche Frau! Verspricht man denn mit Worten? oder mit Herz und Gedanken?

Freilich mit Herz und Gedanken, meinte Christel.

Nun siehst Du, so muß man auch die Gedanken halten. „Gedacht ist gethan!" sagte meine Mutter immer. Und Du, meine gute junge Mutter, laß das Gewinnloos aussägen, wir setzen ein Glasscheibchen in die Oeffnung und haben zu unserm Lohn und Angedenken ein Fensterchen ins Haus. Geh, schicke die Wirthin und den Daniel. Das Mädchen hat ja gar Nichts! Nun kann sie vom Schlosse, wenn sie will. — Daniel fiel der Mutter um den Hals, sprang eilig davon und brachte die alte Frau Redemehr.

Was hattest Du denn? Daniel! frug ihn die Mutter. Dauert Dich das Geld um uns, Du guter Junge!

Ach Mutter, nun will ich Dir's sagen! sprach Daniel froh.

Nun was denn? mein Daniel; frug ihn Christel.

Aber Du wirst böse sein auf Dich, und danach auf mich! sprach Daniel leiser und wollte nicht reden.

Ich weiß schon, was er sagen will, sprach Frau Redemehr. Ich habe einmal 6 Gulden gewonnen und war froh! und als ich das Geld sah und in die Hand nahm, überfiel mich ein Schreck und ein Zittern, als hätt' ich's entwendet. Wem? — wußte ich nicht mit Namen. Aber ich hatte nur 10 Kreuzer gegeben! und nun bekam ich 6 Gulden so ohne alle Mühe und Arbeit! Und wenn ich einen ganzen Tag auf die Arbeit gehe, bekomme ich nur 10 Kreuzer. Woher war nun das Geld? von armen Leuten, von unzufriedenen unglücklichen Leuten, die sich selber darum betrogen, und deren Betrogenes ich nun einsteckte, als hätt' ich es sauer verdient! Ich that die erste Nacht kein Auge zu, und die andern

Nächte wachte ich auf aus schweren Träumen, worin die Kobolde mich vor den König Salomo führten, als eine heimliche Diebin und unehrliche Frau, die anderer Leute Gut besitzt. Die Armen und Betrogenen weinten, verwünschten und verklagten mich! und Salomo sahe mich starr an und sprach, daß sie mein Geld hätten gewinnen wollen, das machte meinen Gewinn nicht gerechter „Frau Redemehr" — sprach er — „Euer Sinn ist schlecht! Ihr wollt dem lieben Gott das Leben abstehlen!" und spuckte vor mir aus. Und so geschahe mir alle Nächte, bis ich das Geld in die Kirche schenkte, zu einem neuen heiligen Geiste über die Kanzel. Da hatte ich Ruhe! Denn *gewonnenes* Geld bringt Niemandem Segen. Fragt nur im Lande! Wie gewonnen, so zerronnen. Und noch ein schlechtes schweres Herz sich gemacht. Verdientes aber — das hab' ich *verdient*, mit meiner Müdigkeit und meinem Tage, den mir der liebe Gott gegeben. — Nun das hab' ich dem Daniel gestern erzählt, als Ihr das Geld gewonnen, und es hat ihm bald das Herz abgedrückt, daß seine Mutter und sein Vater nun sollten unverdientes und ungesegnetes Geld besitzen und Nachts vor dem Könige Salomo erscheinen. Darum freut er sich so, nun Ihr das Geld fortschickt, meine liebe Christel!

Christel ward feuerroth bei der Rede der alten Frau Redemehr, gab ihr das Geld für die Dorothee, und sagte nur: Es war ja so nicht unser! Und als sie fort waren, setzte sie sich zu Johannes aufs Bett, und wand ihre Arme unter seinem Kopfe durch, neigte sich zu ihm und weinte.

Jetzt hätten wir können arm werden! meinte Johannes. —

Freilich *ganz anders* arm! Wenn ich mich nur nicht gefreut hätte! das kränkt mich; wenn Du nur nicht krank wärst, nicht stürbest! — Nun wirst Du mir traurig! versteh' mich nicht unrecht, Johannes, mir ist es nur um Dich! Nur um die Kinder!

So mein ich's auch; seufzte Johannes.

Nein! ich nicht so. Daß sie *Dich* nicht sollen haben! das

thut mir leid! und Du *mich* nicht! —

Mir aber, daß die Kinder sollen betteln gehen, wenn ich sterbe! oder Du stirbst dann auch — ich und Du.

Lieber Johannes, tröstete ihn Christel, hast Du nicht gesehen, daß das viele Vermögen dem alten Pachter vor unserem Vater nicht genutzt, daß er die Kinder ganz verwöhnt und verzogen, und daß sie es durchgebracht haben! Was hilft also Reichthum *ohne* Gottes Segen? Nichts! denn der Herr kann nehmen, wie und wo und wenn er will. Und so kann er auch geben! Siehst Du denn nicht, wie des Predigers Kinder, die er mit der Witwe verlassen, Alle wohlerzogen, wohlgerathen in der Welt ihr Brot mit Ehren gefunden, und wieder Weib und Kinder haben, und Jedes doch ein Häuschen und ein Gärtchen, so viel ihrer sind! Was schadet denn also die Armuth mit Gottes Segen? — Nichts! Er nimmt den Reichen selbst durch Ueberfluß und *gesegnete* Ernten und *gute* Zeiten, und giebt dem Armen selber durch Mißwachs, Krieg und Noth. Da ist Arbeit, da gelten Hände, da erwirbt, wer fleißig und klug ist! Siehe, Adam verließ seinen Kindern auch nichts, als die ganze leere Welt, und siehe, wir, seine tausendsten Enkel, leben auch noch.

Freilich nicht im Paradiese! seufzte Johannes.

Du hast keine Liebe zu Gott! Heißt nur Dein Vater Fommholz? Und gar erst, — Du solltest doch denken, *wessen* Namen Du trägst, Johannes; ach, Du hast Ihm nicht an der Brust gelegen, klagte Christel fast mit Thränen und Vorwurf.

Es mag ihnen auch manchmal kümmerlich genug gegangen sein, als sie auf Erden pilgerten und bloß vom *Säen* lebten! sagte mitleidig Johannes.

Und dennoch hatten sie Liebe und thaten etwas, das sie nicht ließ an Noth und Mangel denken, belehrte ihn Christel. Bleibe uns nur gut, weil wir arm sind, weil ich arm bin, und verachte Dich selber nicht, weil Du uns nur so viel geben kannst, womit wir ja doch von Herzen zufrieden sind! Beten die Kinder nicht alle Morgen und Abende? Danken sie nicht bei Tische ihrem Herrgott für die empfangene Wohlthat? —

Und Du trocknest Dir die Augen mit der Schürze dazu und siehst mich nicht an. Du denkst, ich bin taub und blind, daß ich nicht sehe, wie die Kinder so bescheiden aussehen! wie Du immer sprichst: Ich bin satt! da, meine Kinder! wie Du dich grämst um sie und nicht wagst, mich anzusehen, wenn ich auf einmal in ihr Gebet mit einfalle und *laut* Gott danke für Alles, was wir empfangen haben, und Du mir mit dem Finger drohst und mich dann strafst: Johannes! das ist kein Dank! — Wohl dem, der seinen Kindern geben kann, was sie bedürfen! und reichlich, daß sie freudig sind! Wohl dem, und wohl ihnen, daß sie nicht gleich die Erde betrachten wie ein Armenhaus, worin nichts ist für sie, als was sie durch Mildthat empfangen, wo die Kirschbäume *ihnen* keine Kirschen tragen, das Feld keinen Lein, der Weinstock keine Traube, keinen Tropfen Wein! Wo sie an die vollen lachenden Körbe mit Pfirsichen treten und sich wundern, daß die Gottesgabe nicht *umsonst* gegeben wird, sich wundern, daß man sie mit einem Kreuzer *bezahlen* kann, dann die Hände auf den Rücken legen und traurig fortgehen, daß sie den Kreuzer nicht haben! Und vollends *jetzt! jetzt!* meine Christel. Es ist gut! sagte er, und kehrte sich von ihr weg, mit dem Gesichte an die Wand.

Soll ich denn Alles sagen, weinte Christel. Ich habe den Vater im Sarge gesehen. Wie lag er doch so ruhig da! ja wie lächelte sein Gesicht! Und doch hatten wir sieben unerzogene Kinder an seinem Sterbebette gekniet und geweint, und doch entschlief er ohne Kummer, ohne ein Wort der Klage. Hat er nun nicht gewußt, daß wir ohne ihn verlassen sein würden? O ja, er hat es gewußt. Aber er hat auch in jener bittern Stunde, wo ihm *kein Mensch* helfen konnte, kein Mensch etwas geben und sein, da hat er im

*Herzen empfunden*, daß er selbst Nichts sei ohne den Vater im Himmel. So ist sein Zutrauen *zu sich* verschwunden mit der Rathlosigkeit und Hülflosigkeit, in die er versunken war. So sah er uns zwar liebevoll Alle noch ein Mal an, zog uns Alle noch ein Mal an sein Herz und ließ uns die Hände, darauf zu weinen; aber er lächelte nur in unsere Thränengesichter und verwunderte sich; und so schloß er die Augen gelassen, und auf seinem Antlitz schwebte die *Gleichgültigkeit* der Todten gegen Alles, was Welt heißt — und die stille Furcht, zu Gott zu nahen, und die feste Zuversicht, ihn zu finden! Ach, wir waren ihm nicht *geringer* geworden, als etwas so Vergängliches, wie Menschen sind. Nein! — Gott war ihm als sein Vater und unser Vater erschienen, in seinem Glanz, seiner Macht und Liebe hervorgetreten. Er war auch nur wieder sein Kind geworden, und so waren wir auch nicht mehr nur seine, sondern auch seines Vaters Kinder. Das bedeutete sein letzter Blick zum Himmel, das sagte die stille Hoffnung auf seinem Gesicht im Sarge, sein stummes Scheiden aus dem Hause, und dort sein Text auf dem Steine! Sieh' nur hin, es glänzt Dich doch an! O eine Krankheit ist ein großes Glück für den leichtsinnigsten Menschen, geschweige für den Frommen. Und wir, die wir es sehen, wie die Sterbenden lächeln, wie sie still dahin ziehen, wir sollten sie nicht verstehen? Wir könnten mit offenen Augen, mit klopfendem Herzen wenigstens nicht nachempfinden, was ein Sterbender einzig und allein nur sieht? Ach, wir Gesunden, wir Lebenden sehen *zu viel!* uns verwirrt die Arbeit und Sorge und Mühe, daß Gott auch um uns ist; wenn wir das reife Getreide schneiden, empfinden wir nur die Hitze des Tages, und legen uns, müde von Arbeit, zu schlafen, und denken, morgen einzualtern, oder an das Mahlen und Backen und das liebe Brot, das wir bedürfen.

Ja wohl! Du hast schon Recht; Gott wird schon Recht behalten! sagte Johannes.

Das soll er auch! eiferte Christel. Was hilft es denn mehr,

als daß wir *das Unsere* gethan, wenn wir für unsere Kinder sorgen. Aber wie weit reichen wir! Denn siehe doch an: Wer sorgt denn nur einst für die Kinder von unsern Kindern? Sind die nicht unsere? Gelten die Nichts? Und müssen wir diese nicht schon doch Gott und der Welt überlassen? Und warum denn nicht auch schon unsere Kinder, wenn wir das Unsere *gethan*, wenn es auch nur in Liebe und Wünschen bestand! Und hast Du die Kinder nicht lieb? Antwort: Ja! Und wünschest Du etwa uns Allen nicht ewige gute Tage? Antworte doch: Nein! Du verwunderst Dich! — Du wirst schon besser werden, besonders wenn Du *besser* wirst. Ich bin nicht furchtsam, sondern Du! Du bist der Hasenfuß — nicht der kleine Junge!

Johannes lächelte — Christel lachte vor Freuden, und die mühsam verhaltenen Thränen kamen ihr nun erst hervor, — wie es noch regnet, wenn vom seitwärts klar gewordenen Himmel die Sonne schon wieder scheint. Und so blieben sie Beide, zufrieden neben einander ruhend, lange Zeit.

## 12.

Erst am andern Abend kam Dorothee in einem schwarzseidenen Mantel. Sie gab Johannes die Hand, setzte sich und schwieg. Nur manchmal seufzte sie. Christel erwartete in Gedanken, daß sie Etwas von dem Gelde vielleicht ihr bringen, nur leihen sollte. Aber Dorothee langte aus dem Mantel ein besiegeltes Document, gab es Christel, und sagte: Hebt mir es auf, ich kann es vielleicht brauchen. Der Herr hat das Geld. Ich mußte —

Christel lächelte und hob das Papier auf.

Dorothee schien hier keine Ruhe zu haben und ging umher.

Geht Dir es nicht wohl? fragte sie Christel.

Daß ich nicht wüßte! versetzte Dorothee.

Nun ich will Dich nicht aufhalten! Johannes verlangt keinen Dank, wenn Dich das etwa beklemmt.

Aber noch Eins, eh' Du gehst, hier ist die Bibel, und hier ist der Vers. Wir haben um Dich verdient, daß wir Dich bei Gutem erhalten. Ich habe meine Ursachen dazu.

Sie schlug die Bibel auf, zündete einen Span an und leuchtete. Dorothee sah lang auf die Blätter. Nun? fragte Christel. Und so las denn Dorothee die Worte: Selig sind, die reines Herzens sind — aber sie seufzte unmerklich, dann sah sie auf Johannes, um ihren feuchten Augen eine Ursache zu geben.

Nun gehe mit Gott! Dorothee; sprach Christel.

Aber da ist noch das Goldstück; gut, daß es mir einfällt! So holte sie es, wickelte es aus dem Papier und legte es auf die Bibel ihr hin. Kennst Du solches Geld? fragte sie. O ja, antwortete Dorothee erröthend. Nun so nimm es Deinem gnädigen Herrn mit! Dem gehört es.

*Meinem?* erschrak Dorothee, und wagte doch nicht in Christels Augen zu sehen, ob und was sie meine.

Nun ja: Deinem, versetzte Christel.

Ich bin ja Jungfer bei der gnädigen Frau; erwiederte Dorothee.

Sie soll eine gute gnädige Frau sein; sagte Christel. Geh' nur mit Gott! — Und so ging sie, und sie sahen dann erst, daß sie das Goldstück dagelassen.

*Das* Geld will sie nicht! meinte Christel zu Johannes.

Du bist brav, meine Christel, dachte Johannes, ohn' es zu sagen; um Deinetwillen muß ich besser werden!

### 13.

Christel that es nur leid, daß sie den vortrefflichen Kometen-

Most allein trinken sollte, denn ihrem Johannes war er schädlich und vom Lizentiat verboten. Sie setzte sich aber jedes Mal aufs Bett zu ihm, wenn sie davon trank, sahe ihn dabei an, und so bildete sie sich ein, *er* genieße seine Süßigkeit mit. Die alte Wirthin ward nicht vergessen, und auch der alte Schulmeister Wecker bekam, so viel er wollte. Denn der gute Mann hatte sich seine Suspension zu Gemüthe gezogen, besonders das Wort des Gerichtshalters: daß es ihm leid thue, daß suspendiren nicht „aufhängen" bedeute. So war er denn übergeschnappt, zuletzt sogar und dieß Mal nicht ohne Grund — da er Alles verkehrt gelehrt und an den Kindern seinen Verdruß über den Tanz mit den Buchstaben alle Morgen aufs Neue unbarmherzig vermerken lassen, und zwar an der ganzen Schule durch die Bank, um die Schuldigen unfehlbar mit zu treffen — wirklich abgesetzt, dispensirt worden, und der arme, irre Mann übersetzte das Wort nun: *zweimal gehangen,* weil durch einen Schreibfehler des Amtscopisten *bispensirt* in seiner Entlassung stand, die er immer zu seiner Legitimation als abgesetzter Schulmeister bei sich trug. Das Schulhaus war, wie gewöhnlich, nicht sein, er lebte nun von seinen verkauften armseligen Sachen, die allgemach von ihm Abschied nahmen; und als er das erste Mal zu Christel eintrat, frug er, wie ihm sein alter Brotschrank um den Hals stehe? und das Butterfaß auf dem Kopfe? —

Christel aber sahe mit feuchten Augen, daß er eine neue Wintermütze auf dem Kopfe und ein neues Halstuch umhatte. —

Sehr schön! Herr Wecker; antwortete sie ihm. —

Nun das wollt ich nur wissen! versetzt' er. Nur der alte Seiger mit dem Kuckuck auf den Füßen ist mir zu enge! Das ist der Kuckuck! sagte er. —

Auch neue Schuhe! erstaunte Christel.

Das wollt' ich nur wissen! sagt' er. Ich komme eigentlich, versetzt' er, um zu beweisen, daß ich auf Euren Johannes nicht böse bin, daß er mich um mein Amt buchstabirt hat. Das kommt aber daher, daß ihn seine lieben Aeltern nicht das heilige A. B. C. haben lehren lassen. Und ich bin der Mann, die Scharte auszuwetzen! Aber tüchtige Hiebe wird es setzen! Aber seht, ich habe eine tüchtige Ruthe, die wird schon aushalten bis zum O! oder W! — es kommt auf sein Genie an. Ja! seht mich nur an, sagt' er! Ich bin der Mann! Denn wie mein Halstuch ein Brotschrank ist, so bin ich das leibhaftige Schulhaus nebst allem Zubehör, und was darum und daran hängt, wie an meinem alten Rocke. Unser Herrgott ist auch nicht die Welt, sondern ganz separat, und wenn er die Sonne ausbläst wie ein Licht: so sitzt er drum noch nicht im Finstern. Heut zu Tage ist Alles ambulant! ja sogar fliegend! selber das Lazareth! Ich aber schleiche ja nur ganz sacht auf meinem Kuckuck, als die sichtbare und wahre Schule. So wollen Wir denn in Gottes Namen anfangen!

Darauf erhob er seine Stimme, ging in der Stube mit halb zugemachten Augen auf und ab und sang, wie er immer vor Anfang der Schule gewohnt war, den Vers:

Erhalt' uns in der Wahrheit!
Gieb ewigliche Freiheit,
Zu preisen deinen Namen
Durch Jesum Christum. Amen!

Nun wie weit waren wir denn in der letzten Stunde? fragte er und setzte sich an das Bett, langte das A. B. C. Buch aus der Tasche und legte die Ruthe neben sich hin.

Und so mußte denn Johannes das A. B. C. lernen, welches er ihm zu Gefallen that, um dem armen Mann seine Freude zu lassen. Dann ging er in andre Häuser lehren, und man hörte sein: „Erhalt' uns in der Wahrheit." Manche behielten den als A. B. C. Lehrer immer noch brauchbaren Mann zum Danke zum Essen, oder steckten ihm Brot in seinen ambulanten und fliegenden Brotschrank, die großen Taschen, das er ruhig geschehen ließ, als wenn er nichts merkte, und während dessen die Kinder ermahnte, oder noch den Vers zum Schlusse der Schule sang und dann mit schlauem Blicke sich für das reichliche, wohlgebackene *Schulgeld* bedankte. Er schlief des Nachts, wo es ihm gefiel, auf der Ofenbank, oder bei wem er gerade des Abends zuletzt war. Er hatte Niemand, denn sein Fritz war eigentlich schon ein großer Friedrich und bei durchziehenden Soldaten Tambour geworden. Da aber der alte Mann Wecker hieß, wie ihn jetzt Alle, statt Schulmeister nannten: so hatte er einen Haß gegen die Hähne bekommen und führte Krieg mit ihnen, wo er einen sah und krähen hörte, und sagte ihm: Mein Freund, *Ich* bin Wecker! und so fing er an, früh die Menschen selber zu wecken ohne Unterschied, am liebsten jedoch mit inniger Freude die evangelischen Geistlichen in der Gegend nach der Reihe, ja er krähte zuletzt dabei auf einem Grashalm. Wie eigens nur dazu bestallte Männer in dem Pallaste der Könige von England krähten, zur Warnung: nicht den Herrn zu verrathen, wie — Petrus.

Das war seine ganze Verrücktheit und sein ganzes Unglück. Uebrigens war er glücklich, besonders wenn er des Sonntags Orgel spielen durfte, worauf der neue Schulmeister kein *Schneider* war und nicht exschellirte, wie er sagte. Am liebsten war Wecker bei Johannes und hatte sich zuletzt fast eingenistet bei ihnen, ob es gleich mit dem reichlichen, wohlgebackenen lieben — Schulgelde nicht immer ganz richtig aussah. Johannes, oft auf die Kinder blickend, oder auf Christel, die nun spinnen saß, machte oft grobe Fehler, die Wecker sonst mit Knien, Handschmissen oder dergleichen bestraft hatte. Da nun der kranke Johannes jetzt nicht die Strafe abthun konnte: so legte Wecker ein Schuldregister mit Kreide an der Kammerthür an, und es standen nach und nach mehr als ein alt Schock Sünden angeschrieben, jede nach ihrer Art mit besondern Zeichen, und Daniel kniete manchmal heimlich und löschte dann einen Sündenbock an der Thür hinweg. Denn er selber ließ sich nichts zu Schulden kommen und half dem Vater heimlich ein, oder überhörte ihn.

Der Most nun langte zwar zu den Gesundheiten, die Wecker auf Johannes Herstellung trank und sich alle Mühe gab, ihm durch einen guten Zug zu beweisen, wie redlich er es meine; aber er langte bei Weitem nicht bis zu seiner Wiederherstellung selbst, die erst nach mehreren Wochen erfolgte. Der Lizentiat, ein geschickter Arzt, hatte sich alle Mühe bei ihm gegeben, *um der gnädigen Frau gefällig zu sein*, von der er wahrscheinlich schon die Curkosten bezahlt erhalten. Denn als er einst vom Edelhofe mit der Frau Lizentiatin im Wagen nach Hause fuhr, hielt er vor Johannes Thür, ließ ihn heraus kommen, und — gab ihm eine sehr billige Rechnung.

Der Apotheker ist auch dabei! den vertret' ich! bemerkte er ihm.

Christel sagte aufrichtig: Beste Frau Lizentiatin, wir haben nur Nichts an Gelde!

Auch Nichts an Geldeswerth? fragte die Frau Lizentiatin lächelnd.

Die Ziege meckerte sehr zur Unzeit.

Da ist ja eine Ziege! meinte sie etwas erheitert aus ihrer verdrießlichen Miene.

Ja wohl! seufzte Christel, aber die brauch' ich für die Kinder!

Ich habe keine Kinder! bemerkte die Frau Lizentiatin spitz.

Wir haben auch ein Schwein! sagte Sophiechen hinter der Mutter Schürze hervor.

So? mein Kind! — Das ist ja ein recht liebes Kind! Laßt uns doch sehen! sagte die Frau Lizentiatin.

So wurde denn aufgeriegelt, und Frau Lizentiatin bemühten sich, es in Augenschein zu nehmen und zu befühlen. Das ist gutes Essefleisch! freilich nicht in die Esse. Aber liebe arme Leutchen, man muß *von* Euch nehmen, was

Ihr habt! Es thut mir recht leid.

Johannes und Christel sahen sich an. Johannes, sprach sie, Du bist ja wieder gesund! Nur nichts schuldig bleiben! Die Kinder leben auch ohne Wurst.

Man hat jetzt Beispiele, daß Menschen daran gestorben sind! Wurstgift — das ist ein ganz neues Gift! bemerkte der Lizentiat, eine Prise nehmend, und dachte: Du hast das Memento Doctoris hier vergessen: „Nimm! *wann* es schmerzt" — so nimm nur noch jetzt: *wenn* es auch schmerzt! Das kleine Verbindungswörtchen „auch" ist ja keine Grausamkeit! — Nur aufgeladen und festgebunden auf den Bedientensitz!

Das geschah. Aber das giftige Schweinchen schrie so unbarmherzig, daß es wieder abgebunden werden mußte. Die Gans im Wagen schrie auch.

Johannes! sagte der Lizentiat, ich gebe euch nun die Erlaubniß, zu gehen und wieder Eure Geschäfte zu verrichten, nach wie vor. Ihr werdet fühlen, daß Ihr gesund seid; Ihr seid lange nicht aus der dumpfen Stube gekommen — die Stadt ist nicht weit — Abends seid Ihr wieder da, macht Euch einen Weg mit dem kleinen guten Dinge.

Die Frau Lizentiatin aber wußte sich noch hin und her zu beschäftigen und ließ sich ein Langes und Breites mit dem Herrn Schulmeister ein, und sie fuhren erst fort, als Johannes schon längst einen tüchtigen Stock genommen und schon weit mit dem guten Essefleisch voraus auf der Straße war.

Christel und Wecker sahen nach.

Die Liquidation schrie wie schon dem Tode nah'! sprach er.

Das Schweinchen? sprach Christel.

Wessen ist denn nun das Schweinchen? frug Wecker.

Ihr seht ja: des Doctors! erwiederte Christel.

Aber wessen ist das Himmelreich! fragte der Schulmeister.

Ich denke: der Armen; erwiederte Christel. —

Das wollt' ich nur wissen! lächelte Wecker.

## 14.

Johannes kam Abends im Mondenschein nach Hause, ging und zerhackte erboßt den Treibestock, legte dann einen blanken Zehnkreuzer, sein empfangenes Trinkgeld, auf den Tisch und warf sich auf's Bett.

Ist Dir der Gang nicht wohl bekommen, mein Johannes? fragte ihn Christel.

Recht schlecht! sagt' er.

Bist Du müde? bist Du krank? forschte sie mitleidig.

Nein! sagt' er; aber erbittert!

Es war auch ein schwerer Gang! seufzte sie; ich will Dir es glauben. So drang sie nicht weiter in ihn.

Johannes verschwieg ihr aber sein neues Unglück, das aus dem alten entstanden war, von der Hasenjagd. Denn als er schon nach Sonnenuntergang auf dem Rückwege von dem Lizentiat an das Feldgärtchen der alten Frau, seiner Wirthin, gekommen war, sah er einen Hasen, der ein Loch durch den Zaun gefunden und sich der Kohlstauden bediente, welche noch standen, um zu frieren, mürbe zu werden und der alten guten Seele besser zu schmecken. Er sprang über den Zaun und verscheuchte den Hasen. Dieser nun klemmte sich ein, indem er hinaus strebte, und Johannes erreichte ihn mit dem unbarmherzigen Stocke, mit dem er gleichsam meinte, in dem Hasen sein ganzes erduldetes Unheil, bis auf das heutige mit dem Essefleisch, todt zu schlagen. Dann zog er den Hasen hervor und warf ihn über den Zaun ins Feld. Als er aber, durch den Fall wieder zu sich gebracht, noch kläglich quäkte wie ein Kind, ging er aus Erbarmen und schlug ihn völlig todt.

In diesem Augenblicke kam der gnädige Gottlieb geritten, von einem Fremden und Niklas begleitet.

So? sagte er. Seid Ihr der Hasendieb? Da habt Ihr gewiß auch die Rebhühner und Fasanen, die nach und nach fehlen. Ein Faden Schwefel ist nicht theuer, und wovon lebt Ihr denn sonst, Ihr Ungeziefer!

Johannes erzählte den Fall.

Ihr steht hier auf meinem Grund und Boden. Hier liegt der Hase, hier habt ihr ihn erschlagen, hier stehen die Zeugen!

Johannes mochte nicht bitten.

Der *einzige* Fall ist auch genug! sagte der junge Herr. Es soll so einmal ein Exempel statuirt werden; es ist mir lieb, daß es Euch trifft. Die Gesetze gegen Wilddiebe sind, Gott sei Dank! scharf und in Ehren, weil sie *vornehmer* und reicher Leute Rechte schützen. Auf den Sonnabend ist Gerichtstag! der Gerichtshalter wird sich freuen, Euch wieder zu sehen und Euch zu *beweisen*, daß Ihr Hasen todt schlagen könnt. Stellt Euch also nur dann zu rechter früher Tageszeit von selber ein. Die Vorladungskosten will ich Euch sparen aus Gnaden.

So war die Gesellschaft lachend von dannen geritten.

Johannes ging in der Stille an dem bestimmten Tage, unter dem Vorwande, wo anders hin zu gehen, und empfing seinen Bescheid und sein Urtheil, das auf dreimonatliche Gefängnißstrafe lautete, da er kein Geld habe. Er hörte das ruhig an und bat nur, daß er erst zu Weihnachten sich einzustellen brauche, weil jetzt noch Verdienst sei, aber im völligen Winter nur wenig. Und er hatte große Freude, daß ihm das zugestanden ward, in der Kälte gefangen zu sitzen. — Eingeheizt wird Euch nicht! lächelte der Herr Gerichtshalter. Dann bat Johannes nur noch, daß seine Strafe verschwiegen bliebe, bis er wieder entlassen sei. — Das ist wider die Lehre von der Besserung durch das Beispiel! erhielt er zur Antwort. Er bat aber sehr und weinte im Herzen über die Angst seiner Christel und ließ nicht ab, bis er auch das erlangte.

Versprechen ist ja nicht Halten! bemerkte der Gerichtshalter leiser zum gnädigen Gottlieb; ich kann das Bitten nicht ausstehen, es erinnert mich immer unangenehm an den Menschen in mir, und ich bin nur der leibhaftige Justinia-si-nus! Denn unsere Last ist schwer! schon die treuherzige Miene zu machen, die Rolle durchzuführen und immer gleichgültig — grau auszusehen und uns sicher zu stellen, daß man *uns* nicht auf das Pergament klopft, mein Hohlwohlgeborner! Doch wir können das Sackspiel! und besser! *Ruhig* sie — hängen lassen, so spielen es die Meister. — Nun können Sie die Schule mit ihr anfangen!

Mit *ihr* ist nichts! das Volk hält gar nichts mehr auf angethane Ehre! ich habe nun andere Sorgen! bemerkte der Herr.

Bedauere! — *Ich* habe meine Schuldigkeit gethan! neigte sich der Justini—anus.

Johannes aber ging und sprach in Zeiten von einer Reise zu einem entfernten Anverwandten, der ihnen helfen solle. Er war fleißig bis zum Weihnachtsfest, um sein Weib und seine Kinder zur Noth zu versorgen, denn ihre Zahl sollte gegen Ostern noch um Eins vermehrt werden, wenn nicht durch Zwei, wie Gott nun segnete.

## 15.

So kam Weihnachten heran, und am Tage vor der — Abreise saß Johannes in trüben Gedanken und Kummer, die Seinen zu verlassen. Ach, sprach er bei sich — die Strafe hab' ich verdient, die Welt ist einmal so, und was die Großen verbieten oder gebieten, das müssen wir kleinen Leute schon meiden oder thun, das wird uns mehr wie ein Kirchengebot, davon ist keine Erlösung auf Erden, wohin auch ein Armer geht; aber es scheint mir doch zweierlei, die hohe Stadttaxe auf die Landschaft anzuwenden, wie der Apotheker und der Lizentiat, — der Schulmeister hat mir das wohl erklärt — und einen armen Mann wie mich zu bestrafen, wie einen Reichen. Wer gesund ist, und fest steht im Zimmer, der verträgt einen derben Stoß; ein alter kranker Bettelmann, dem man mit einem Finger nachhilft, indem er die Treppe hinunter schleicht, der thut einen Fall, von dem er nicht mehr aufkommt. Aber davon wissen die Gesetze nichts, und *die* nichts, die sie unterschrieben. Die Gerichten, ach, die Gerichten, das sind die wahren Herrn im Lande! die Gesetzanwender! wie Wecker sagt; und ein Gerichtshalter ist auf dem Dorfe geradezu mehr als alle seine stummen Gesetzbücher, die ihm der Herr Amtsschreiber nachträgt! pro firma, wie Wecker sagt; ja, dieser Herr Amtsschreiber schon ist mehr als selber der Landesherr! ein wahrer Pilatus, der züchtigt und losläßt, wie es ihm gefällt, wie er die Sache dem Principal vorträgt — um ein Paar Eier. Gut, daß mir das Beispiel einfällt! was will ich armer Johannes da klagen! da ein ganz andrer Johannes ganz Anderes litt!

Christel sah, daß er traurig war, und sprach: ich halte es selber für rahtschaffen, daß Du die Wanderung machst, daß wir einmal aus der Noth kommen! Ich kann Dich nicht länger so sehen, Du grämst Dich mir ordentlich ab, und die Jacke ist Dir so weit, daß mir die Thränen in die Augen treten.

Wenn wir nur nicht die Kinder hätten! Du allein kämst indessen schon durch, seufzte Johannes.

Lieber Mann, sprach Christel, wirst Du noch immer nicht klug, siehst Du noch immer nicht, was wir haben, und wie mich die Kinder erfreuen werden, wenn Du weg bist. Ich — ich stelle mir tagtäglich vor: *das* ist ein großes Glück, zu besitzen, was ein großes Unglück wäre zu verlieren. Da hast Du's! Sag' einmal, würdest Du lieber reich sein, und die lieben Kinder *nicht* haben wollen? Oder uns haben wollen — und arm sein, wie wir sind, und doch nicht sind! —

Curioses Pathchen, würde der Pathe Leinweber sagen, kann man denn nicht die Kinder haben, und noch Etwas für die Kinder dazu? sprach Johannes. —

Also bist Du mit mir und den Kindern nicht *ganz* zufrieden? erschrak fast Christel. Laß uns doch! Siehe, Du wirst es jetzt eine Zeit lang besser haben als wir, Du wirst Dein gutes Essen haben, die Beine unter anderleuts Tisch stecken, ich will Dir's ja nicht beneiden — komme nur wieder! wenn Du auch lange bleibst, und laß einmal schreiben! —

Johannes schwieg. Sie weinte und legte sich mit dem Kopf auf den Tisch. Der Vater aber sahe durch das Fenster, wie der erste Schnee herabtaumelte, wie er aus dem ganz gesenkten flirrenden Himmel sich hinab in den Teich stürzte, und wie aus dem Spiegel des Teiches zugleich die stürmenden Flocken aus der Tiefe herauf kamen, und Schnee von oben und Bild von unten sich auf der Fläche des Wassers ereilten, zerschmolzen und verschwanden, verfolgt von dem unendlichen Rieseln der Flocken. Er sah, wie die Kinder barfuß im Schnee fröhlich umher sprangen und Schneebälle wälzten, auf einander setzten, einen Stock durchsteckten und die Arme mit Schnee bekleideten und dem Schulmeister eine Ruthe in die Hand gaben und ihm Augen und Nase und Mund von Kohlen in den aufgesetzten Kopf steckten; wie sie dann umher tanzten und gar nicht daran dachten, daß sie überhaupt nur Kleider auf dem Leibe trügen, geschweige überall geflickte scheckige Jäckchen, und keine Hüte auf dem Kopfe. Denn sie froren nicht in den dürftigen Kleidern, nur der ganz kleine Junge, sein Gotthelfchen, stand dabei und fror, und doch *warm* angezogen, und den einzigen großen Hut im Hause auf dem Kopfe, der ihm bis auf die Achseln ging, daß er kaum hervorsehen konnte; er fror, und doch freute er sich und zitterte, weil er noch nicht mitspielen konnte.

Johannes konnte sich nicht genug verwundern und

sprach bei sich: — und sie nennen mich doch Alle: lieber Vater! ich muß ihnen doch lieb sein! und Christel nennt mich: lieber Mann! ich muß ihr doch lieb sein, — ich muß ihr doch gut sein, und wenn mir das Herz springt. Wenn ich nur auch sagen könnte — lieber Vater! wenn ich mir nur auch gut sein könnte!

Da brachte Daniel einen Goldammer, den Wecker unter dem Siebe gefangen, und es war Jubel im Hause, daß die Mutter Ruhe gebieten mußte, weil die alte Frau Redemehr, die Wirthin, schlief und krank war.

Ich mache ein Hirtenhäuschen auf den heiligen Christ! vertraute ihm Wecker, ein ganzes Wachslicht von vor Jahre Weihnachten vom Orgelpult hab' ich noch. Man wird wieder ein Narr mit den Kindern! sagt' er, die Hände reibend.

Ihr seid ein braver Mann! lächelte Christel auf Johannes.

Das wollt' ich nur wissen! versetzte der Alte.

Damit hatten sie ihren, im Scheiden nach dem feuchten finstern, kalten Stockhause begriffenen Johannes an den Weihnachtsheiligenabend erinnert — er dachte, wie die Kinder in der dunklen Stube sitzen und sich fürchten und freuen, daß das Christkind doch im Dorfe sei; wie die Mutter ihnen zum Troste sagen würde: zu Jahre wird Euch der Vater bescheren! und Sophiechen früge: ob ein Jahr lange sei? Dann dacht' er, daß Daniel ihm schon beschert — den Leichenstein, und so ging er am andern Tage schon fort. Die Kinder baten ihn, was mitzubringen vom Vetter, und Christel hatte ihn mit einem kleinen Päcktchen beschwert; aber er mußte es nehmen, die Kinder und sie darum berauben, um sie glauben zu lassen, er gehe einen freien, guten Gang. Das Herz pochte ihm laut, und seine Thränen entschuldigte der Abschied. Und er mochte wohl oder übel, so mußte er auch vom Schulmeister die Wintermütze — sein verwandeltes Butterfaß, sich auf den Kopf drücken lassen und hören, wie Christel ihm nachrief: Sorge nur nicht um uns! der Herr ist ja bei uns! — und Wecker ihr sagte: das wollt' ich nur wissen!

## 16.

Weihnachten aber saßen sie, um das Lämpchen zu sparen, still in der finstern Stube; der Kleine fürchtete sich vor der Mutter auf ihrem Schooße, weil er sie mit dem, in der düstern Verschattung schwarzen Gesicht nicht kannte; denn die Sterne am Himmel und der Schnee draußen dämmerten wohl herein, aber ihr Glanz fiel auf das Kleine, das vor ihr stand und nach ihr selber rief. Denn sie sprach nicht und dachte vor sich an Johannes.

Da macht' es die Hausthür auf, ein leises Geräusch auf dem Flur, dann ging sie leise wieder zu. Von der Frau Redemehr drüben kam Wecker mit dem Hirtenhäuschen, das hell schimmerte wie eine große Laterne. Christel war ihm aufmachen gegangen, auch die Alte, bei der es gemacht und jetzt angezündet, hatte noch die Thür in der Hand und wollte nachfolgen. Da stieß Wecker an einen kleinen verdeckten Korb. Noch eine Christbescherung? fragte Frau Redemehr. Aber er steht nicht auf meiner Grenze, er wird wohl Euer sein, für die Kinder, Christel! Wer weiß, wer sich die unschuldige Freude gemacht!

Christel dachte an Dorothee, nahm das Körbchen und setzte es auf den Tisch, das Hirtenhäuschen leuchtete dazu, und Wecker war fast böse, daß seine Freude nicht die einzige sein sollte, denn die Kinder umstanden den Tisch, und die Mutter fragte sie, was darin sein sollte? was Jedes am liebsten hätte? Daniel rieth ein Christbrot; Sophiechen ein Pischkind, und Gotthelf Aepfel und Nüsse und einen Zappelmann.

Die Mutter öffnete nun, während die Schatten der ausgeschnittenen Bilder aus dem Hirtenhäuschen über den

Korb liefen, von der Hitze des Lichtes darin im Kreise getrieben, und Jäger und Hunde und Hirsche sich einander friedlich verfolgten, ohne sich je zu erreichen.

„Ein Pischkind!" schrie Sophiechen; das ist mein, Mutter gieb es mir her!

Das ist recht künstlich gemacht! als wenn es natürlich wäre, sagte die Alte, die ihre Brille vermißte; und das Häubchen! die Wickelschnuren! nur geradezu Alles! Was doch die Menschen jetzt Alles machen! Nein Dergleichen!

Aber Christel hatte die Augen voll Thränen, denn das Pischkind schlug die Aeuglein auf, und eine kleine Miene, wie zum Weinen, flog über sein Gesichtchen. Die Alte erschrak erst, trat dann näher und hielt ihm den kleinen Finger an den Mund.

Das Kindchen ist hungrig! sagte sie. Aber aber — *Euch* das zu bringen, das scheint mir doch Sünde, wer so was gethan hat, der muß Euch nicht kennen! Ich setzt' es einem Reichen hin!

Wecker aber sagte: Höchstens geben *die* das Körbchen wieder auf die Ziehe! und Wer bekommt es dann? Es heißen nicht alle Weiber Christel, meine Frau Redemehr! Ich dächte, Sie redete nicht mehr! Das heilige Christkind wird Christel schon gekannt haben! Nicht wahr, Ihr Kinder? Wollt' Ihr es haben? —

— Ich will mir den Segen verdienen! sagte Christel. So eine heilige Gottesgabe von sich zu stoßen, wie die Mutter! Ich danke meinem Gott für das gnädige Zutrauen zu uns Armen!

Das wollt' ich nur wissen! sagt' Wecker.

Nun sagt Sie noch was, meine Frau Redemehr?

Ja! sagte die Alte, ich muß noch reden! Das Kindchen ist sicherlich nicht getauft! das macht wieder Kosten!

Was Kosten! sagte Wecker; ich bin der Mann! wenn der Pastor nicht will. Die Nothtaufe ist jedem erlaubt, wenn das Kind in Noth ist, geschweige die Aeltern. Noth ist Noth, das weiß Ich! —

Ich backe einen Kuchen! Morgen des Tags! sagte Christel froh, daß sie eine herzliche Gelegenheit hatte, einmal wieder was Gutes zu kosten und den Kindern geben zu können.

Nun in Gottes Namen! sagte Frau Redemehr, da steh' ich Gevatter.

Mutter, fragte Sophiechen, was ist denn das Pischkind? ein Gottlob oder ein Annaröschen?

Und nun ward das Kind erst herausgenommen, das alle mit Verwunderung indessen bestaunt; die alte Frau Redemehr nahm ihre Brille ab und sagte Sophiechen: Sophiechen, es ist ein richtiges Gottlobchen. Die Kinder kramten im Grunde des Körbchens und fanden kleine Hemdchen, Häubchen und mehrere Silbergulden.

Die Mutter schlief vor zärtlichen Sorgen die ganze Nacht nicht, die Kinder kaum vor Freuden. Das lange starke Wachslicht im Hirtenhäuschen brannte, lieblichen Dämmer und eine stille Jagd an den Wänden verbreitend, bis zum Morgen.

Wecker hielt im Traume Schule und weckte bei Zeiten, *zum Kuchenbacken,* wie er fröhlich sagte: — den Kuchen zu backen, der uns schmecken soll! Kein Grammaticus kann sich unterstehen zu sagen: ich wecke zu „den Kuchen backen!" ergo heißt *Einen* Kuchen backen auch „Kuchenbacken." Und dazu gehört ein ganzer Backofen, so gut wie zum „Schulmeisterabsetzen" *ein ganzer Schulmeister,* ein ganz liebedienerisches Consistorium und das ganze Kirchspiel zum Bettelngehen. Ich wiege indessen die sogenannte namenlose *Anonyma.* Der Mann bin ich. —

Am Vormittag aber fehlte der Kreuzer zu einem Bogen Papier unter den guten großen Kindtaufenkuchen; denn Christel versprach sich selber, die wenigen Gulden auch in der größten eigenen Noth nicht anzugreifen, sondern bloß für das Kind zu verwenden, damit es an nichts ihm mangle, von dem Wenigen, was es noch bedurfte. Daher machte

Wecker die Siegel inwendig vom Deckel der großen Bibel los, womit der Umschlagbogen befestigt war, und Christel kam nach dem Papier. Aber was ist denn das? fragte Wecker, die Papiere hier? und der versiegelte Brief? Christel nahm das Eine nach dem Andern und fand mit bangem Erschrecken die Schuldverschreibung vom seligen Herrn, die in der Bibel verborgen gewesen.

Nun seid Ihr auf einmal reich! sagte der Alte. Wenn nur Borromäus was hätte! Der ist nicht der Mann!

Ach, wenn er nur nicht geschworen hätte! seufzte Christel. Nun soll mich mein Gott bewahren, ihm das anzuthun.

Er verdient' es um mich! sagte der Schulmeister. Ich bin der Mann! ich geh' mit dem falschen Eide ins Oberconsistorium — oder kurzen geraden Wegs zum seligen Herrn, da werd' ich wieder eingesetzt, und wenn ich noch so närrisch soll sein — was kümmern ihn die lieben Kinder!

Thut das nicht! Wecker, bat ihn Christel; Gott wird uns die Armuth vergelten.

Das wollt' ich nur wissen! sagt' er gerührt. Aber der alte Mann weinte zum ersten Male, ja er schlief nach und nach ein, mit dem Kopf auf die Bibel gelehnt, und die Sonne schimmerte in seine weißen Haare und sah ihn mild und lächelnd an; und als der Kuchen fertig war, legte Christel ein großes Stück vor ihm hin, daß er Freude habe, wenn er erwache.

Christel aber hatte Verdacht auf Dorothee, daß sie das Körbchen beschert. Sie hatte im Dorfe umsonst umher gerathen. Wer hatte so weiße feine Leinwand? Wer konnte das Alles so sauber machen, wenn nicht des Predigers Töchter, die aber die liebe Unschuld waren. Das war nur vom Edelhofe! und dort nur von Dorothee! Denn dort war nur die Mutter der gnädigen Clementine, und eine alte Köchin. Sie hatte des Nachts schon geweint über das verführte Mädchen, das ihr nichts anging, als daß sie es liebte, weil ihm der Vater gut gewesen war.

Jetzt aber öffnete sie auch noch den Brief vom verstorbenen Pastor an ihren Vater; das Recht sprach sie sich zu. Wie erschrak sie nun erst, als sie las, daß der Pastor bei seinem Sterben nun ihm das Kind anvertraute, da Jahre lang niemand nach ihm gefragt. Er habe sonst immer das Geld für die Pflege der Dorothee richtig erhalten, seinen eigenen Kindern könn' er, nun er scheide, nicht zutrauen, daß sie das Mädchen erziehen würden, und da es die Tochter von seiner Martha sei, so stehe ihm als Großvater zu, sich das Gotteslohn zu verdienen. In inliegendem Briefe, schrieb er, werden Sie den Namen des Vaters der Dorothee finden. Es ist derselbe reiche junge Herr aus Frankfurt, der, um Wein im Großen einzukaufen, sich oft Wochen lang in Ihrem Hause aufgehalten.

Die Inlage aber hatte der Pastor wieder versiegelt dem Großvater zugesandt, der Brief war an den Pastor überschrieben, der Großvater hatte ihn nicht aufgemacht, sie getraute sich es noch weniger, zu thun, und was half auch der Name nun ihr? was Dorotheen? da sie sich so sündlich vergangen? Und so beweinte Christel aufs Neue ihre arme Schwester Martha, sie *freute* sich jetzt, daß Johannes nicht da war bei der Taufe und hatte das Knäbchen noch lieber. War es doch so beklagenswerth wie unschuldig, ob es gleich *Gottliebchen* hieß, als wahrhaftes Derivativum und richtiggebildetes Diminutivum von — Gottlieb, wie Wecker es nannte.

## 17.

Viele schwere Wintertage überwand nun Christel mit Hoffnung, Liebe und herzinniger Zufriedenheit. So nahte der März schon heran, und an einem heitern Nachmittage war Clementine, von Dorothee begleitet, vor das Dorf und an Frau Redemehr's Häuschen vorüber gegangen, der wärmenden Sonne entgegen. Auf dem Heimwege wollte Dorothee sie vorüber führen; aber die arme junge Frau war krank, ihre Kräfte dahin, und sie wünschte zu ruhen. Das traf sich eben vor Christel's Fenster. So ging sie denn hinaus, und bat sie freundlich, einzukehren! Clementine lächelte und nahm es an. Dorothee folgte stumm. In dem freundlichen Stübchen saß Clementine lange still, sah sich Alles mit wehmüthigem Lächeln an, was es enthielt, und war dann lange ernst und in sich gekehrt. Und da sie auch Weckern ein Mittagsschläfchen halten sah, so sprach sie endlich leise zu Christel und hielt sie an der Hand: Hätt' ich hier in dem kleinen Stübchen gelebt, so lebt' ich noch!

Christel verwunderte sich über das Wort. Aber sie sagte freundlich: Ich lebe nicht mehr — ich sterbe nur, so langsam, wie ich gehe. Die Lerche wird mich nicht mehr finden. Wie gern hätt' ich mit Dir getauscht, mein Kind!

Wir haben auch alle Tage unsere Noth, meine gute gnädige Frau, sagte Christel ihr zum Troste; von früh bis Abend wird man gar nicht fertig! ich lege mich so müde hin, zu schlafen, daß mich das arme Kind kaum weckt.

Glückliche Leutchen, seufzte Clementine, zeigt mir doch Eure Kinder.

Und so kam auch die Reihe zuletzt an das Kleine, das Gottliebchen. Clementine schien zu wissen, daß es ihr eigen nicht sei, oder sah' es ja deutlich an Christel vor Augen, daß sie vor den wenigen Wochen des Kindes seine Mutter nicht könne gewesen sein. Sie wiegte es still auf ihren Knieen, war abwesend mit den Gedanken, und die Augen, die auf ihm geruht, waren ihr zuletzt vergangen und gaben der blassen schönen Frau mit ihrem sanften lächelnden Gesicht etwas Geisterhaftes, ja Engelhaftes; denn so lieblich saß sie da, so innerer Würde und Reinheit voll, daß Christel kaum sich getraute, Athem zu holen, oder das Kind nun wieder von ihr zu nehmen.

Dann lächelte sie Dorothee an, die mit zugeschlossenen Augen Thränen vergoß, es nicht sah, wie Jene lächelte, und nur den schwachen Druck an ihrer Hand fühlte, die sie ihr zuckend entzog.

Der Gang schien nicht vorbereitet zu sein; denn sie beschenkte die Kinder Alle, auch das Kleine in seinem Bettchen, aber mit so Wenigem, daß ihre Worte Wahrheit schienen, als sie sagte: Ich habe nicht viel! und brauche nicht mehr viel. Zu meinem Begräbnis wird es langen.

Wecker erwachte jetzt, richtete sich auf, blieb eine Zeit lang ganz im Traume noch auf der Ofenbank sitzen, stand dann plötzlich auf und machte der fremden vornehmen Frau alle seine besten Diener.

Das ist ja unsere liebe gnädige Frau! sagte ihm Christel. — Da besann sich Wecker, setzte seine weiße Nachtmütze wieder auf, erkannte auch Dorotheen und ging erbittert hinaus.

Das verdien' ich nicht! lächelte Clementine; an allen solchen Thaten bin ich unschuldig, aber wer braucht das noch auf der Welt zu wissen? Gott weiß es ja.

Christel versuchte Dorothee, um in ihren Gedanken über sie gewiß zu werden. Sie gab ihr das Kind zu nehmen, und — sie nahm es und wiegte es, zwar mit Verdruß; sie nahm es ihr ab, und sie gab es — ohne Verdruß.

Und während Clementine wie eingeschlummert da saß und Sophiechen neben sich im Arme hielt, die sich an sie geschmiegt, nahm Christel auch den Brief vom alten Prediger an ihren Vater und gab ihr ihn zu lesen.

Dorothee weinte nicht; sie fiel ihr nicht um den Hals, als wenn sie ihr eine Schuld abbitten wollte! und dennoch, als Wecker draußen ein kleines Strohkränzchen geflochten und den Daniel hereingeschickt, vor Dorotheen es hinzulegen, gab sie dem armen unwissenden Boten eine derbe Ohrfeige, setzte es sich auf, besah sich in dem kleinen Spiegel und weinte dann unaufhörlich, aber still.

Jetzt schien ihr das Herz getroffen und erweicht; Christel tröstete sie. Dorothee fiel vor ihr auf die Kniee und beschwor sie: Christel! meiner Mutter Schwester! schont die arme junge Frau dort! Pflegt das Kindchen wohl! Das wird Euch Gott vergelten. — Gebt Ihr das Goldstück nicht! —

Christel war böse. Wecker trat ein und sagte: als er Dorotheen geschwind aufstehen und sich die Thränen trocknen sah; das wollt' ich nur wissen! und behielt seine Mütze auf.

Clementine erhob sich und nahm von Christel Abschied. Wenn Euch Gott lieb hat, sagte sie weich, so läßt er Euch arm. Der Arme, oder der Geringe, den die Welt nicht kümmert, der hat die besten Güter, mit welchen sich Reichthum gar nicht, oder doch nicht lange verträgt und zuletzt sie heimlich aufhebt und zu Grabe trägt — und sei's des Reichen eigne, reiche, unglücksel'ge Frau! —

Liebe gnädige Frau, sagte Christel, das thut ja der Reiche nicht, nur der Schlimme. Wir halten auch auf die paar Kreuzer!

Nun also, fuhr Clementine fort, wenn es nicht der Reiche thut — so wird der *Fromme* die Armuth vorziehen, gern ertragen, segnen — oder, ohne es zu wissen, unschuldig mit ihr glücklich sein, wie Ihr, mein gutes Kind. —

Das heißt ja nur: halt' fest an Gottes Wort! weiter nichts.

Weiter nichts! wiederholte Jene und nickte freundlich und schied von ihr.

Wecker aber sagte: Die lob' ich mir! sie ist nicht stolz; doch wenn der gnädige Gottlieb mich ein Mal vor die Schule fordern ließ in die kalte Zugluft, ruckt' er und stieß er mit seinem in Händen habenden Stöckchen, wegen ermangelnden Respekts, so lange an meiner Mütze, bis ich mit bloßem Kopfe da stand! Aber ich schämte mich nur vor ihm, so ein alter Mensch zu sein, dem der Kopf durch die Haare wächst! Jetzt nehm' ich meine Mütze *tief* vor ihm ab, wenn ich ihn sehe, denn ich schäme mich nicht mehr vor ihm, sondern er vor mir. Der Mann bin ich!

## 18.

Bis jetzt war Christel ruhig gewesen. Als es aber gegen Ostern kam, und die Zeit schon Wochen vorüber war, in welcher ihr Johannes zurück sein konnte, da ward ihr bang und bänger um ihn, und Kummer um sein Außenbleiben übermannte sie manchmal, daß sie im Stillen weinte. Wird er wiederkommen? getraute sie sich dann kaum sich selber zu fragen; wenn er wie Dorothee ist, die von uns schied, als sie glaubte, uns zur Last zu sein! Dann schämte sie sich ihrer argen Gedanken, sah auf die Kinder und empfand, daß es ja gar nicht möglich sei, die lieben Gottesgeschenke bei klarem Verstande nur kurze Zeit freiwillig je zu verlassen, geschweige für immer. An sich selber dachte sie kaum.

Einst begegnete ihr Niklas, als sie Garn zum Weber trug zum Verkauf von ihrem Gespinnst. Sie blieb stehen vor Rührung, als sie ihn sah: denn sie getraute sich nicht über den Steg zu gehen, so verdunkelten Thränen ihre Augen.

Beruhigt Euch! Frau Christel; sagt' er ihr mit trockenen Worten: Euer Mann ist in gutem Gewahrsam, es stiehlt ihn Euch Niemand — er sitzt nur den Hasen ab, den er erschlagen, und sitzt nun schon auf der Blume! Er ist bald drüber hinweg. Seid nur ruhig.

So blieb sie denn voll Wehmuth stehen, als er längst schon vorüber war. Sie ging nach Hause, das Garn in der Hand. Nun erst hatte sie keine Ruhe, nun verstand sie Johannes Reden, seinen stillen Unmuth; und die Worte, die sie ihm alle zum Abschied gesagt, fielen ihr schwer aufs Herz.

Um nun ihren Johannes zu erlösen, er sei, wo er sei, beschloß sie, den Herrn von Borromäus anzugehen, die alte Schuldverschreibung in der Hand. Denn der Gerichtshalter wohnte in der Stadt, und so weit konnte sie sich nicht mehr entfernen.

Der Schulmeister aber brachte ihr Nachricht, daß es mit dem seligen Herrn zu Ende gehe, daß ein neuer Gutsherr komme, der Breitenthal auf Schuld übernehme, ein reicher Kauf- und Handelsherr aus Frankfurt. Alle „exigibilen" Reste wären im „Transsubstantiations" Verkauf mit angenommen; die „inexigibilen" aber wollte der selige Herr noch für sich eintreiben zu einem Ausgedinge, und es würden schon Ziegeln angefahren auf den Vogelheerd. Geld also bekommt Ihr nicht mehr, gute Christel, sagte er; ein Sterbender hat keine Furcht mehr, besonders wenn der Gerichtshalter die Schwuracten nicht aufgehoben haben — sollte! Wer hat danach zu fragen? — Das sahe Christel ein. Sie sah auch, daß sich Wecker zusammennahm, so verständig als möglich zu reden und zu sein; denn es war ihm eine Freistelle in einem ganz närrischen Hause versprochen worden, wie er umschrieb, die erst noch ausgewirkt werden sollte, damit das Dorf und der arme Mann zur Ruhe komme. Er durfte nicht mehr umherlaufen, singen und Schule halten; das Wecken besonders hatte der immer gern, aber Morgens am süßesten schlafende Pastor sehr übel genommen; desgleichen hatten es die anderen Herren Pastoren im Umkreis als eine vorwurfsschwere Anspielung sich verbeten; und so mußte der alte Mann in die weiteren Dörfer wandern, sein tägliches — Schulgeld holen, das er mit Thränen aß, und dabei Christel mit Stellen aus der Bibel bat, ihn nicht zu verstoßen in der Kälte.

Denn so lau und öfter lieblich es die wahren Wintermonate gewesen, ihrem Johannes im Kerker zu Liebe, dachte nun Christel — so stürmisch und kalt winterte es jetzt gegen Ostern nach, als wenn der Himmel den Menschen seine mährchenhaften Einfälle: von langsam rauchendem Dampf wie heimlich brennende Flüsse — hoch beschneite Berge — lange Eiszapfen an den Weinstöcken statt der Trauben — wie mit weißen Blüthen beschüttete

Bäume im Walde — eingefrorene Fische — weißbereifte Bärte und Blumen an den Fensterscheiben zum ersten Male in aller Pracht und Schönheit zeigen und recht lange den Wintergarten sie genießen lassen wolle, damit sie sich satt daran sähen und wieder einmal merkten, daß die Erde allein des Herrn sei. Denn alle Raine, Zäune, Grenzen und Werke der Menschen in seiner Natur waren hoch mit Schnee bedeckt und trugen nur seine Farbe, als wäre das große alte Lehn erloschen; und so weit das Auge reichte, erschien nur *eine* weiße flimmernde Decke, und *ein* blauer feiernder Himmel, mit seiner Sonne; zum Zeichen, daß Alles nur Einem Herrn gehöre.

Daß Wecker wahr geredet, erfuhr Christel zu ihrem großen Leid. Denn die alte Frau im Hause, die wie Christel, so lange sie selbst es vor andern *kleinen* Arbeiten konnte, und ihre Umstände es erlaubten, von Spinnen lebte, hatte ihr die letzten Monate her nach und nach drei Thaler geliehen. Nun aber wurden die „inexigibilen" Reste eingetrieben, wo freilich kein Ansehen der Person mehr galt; die Alte sollte also für ihren vor 20 Jahren schon begrabenen Mann 5 Thaler für Birkenruthen zu Besen entrichten, und das nun leider bei Todesstrafe der armen Ziege der Christel, die zur Ernährung der Kinder das Beste beitrug. Denn Christel mußte statt der geliehenen drei Thaler die gute Ziege geben, die Ziege mußte nun fort *auf das Schloß* geführt und geschlachtet werden, und dennoch langte das dafür *gelöschte* Geld nur hin, daß *Christel* die große Schuld abzahlte, wenn auch die alte Frau noch um Gnade bitten mußte. Aber selbst die Ziege stemmte sich zu gehen, und Christel und die Kinder weinten der alten Frau nach, die ihrer kaum Herr ward.

Dafür erhielt aber Christel zum Palmensonntag einen kleinen Braten von der jungen Ziege. Die Kinder wußten nicht, was sie aßen, Christel war in der That nicht wohl, schob den Teller hin, stand auf und Wecker ließ sich den

„alten Rest von den Besen" schmecken. Von der *Ziege* äße ich auch nicht, sagt' er; aber welcher große Herr weiß denn immer, *was* er ißt? Was würden da manchmal, d. h. so manches *liebes* Mal und Mahl für Dinge auf dem Tische stehen! was für Getränke würde man auf den Inhaltszetteln an den *Wein*flaschen lesen! Von *was* würden die Braten und Torten sein, wenn Alles in rerum natura zu sehen wäre! — Hu! Phantasmata! daß mir die Haut schauert — wenn es nur schmeckt! Ein Schulmeister braucht es auch nicht zu wissen, was er ißt, geschweige wenn er keiner ist, wie ich. Birkenruthen sind bitter; nicht wahr, ihr Kinder? — und er lachte mit nassen Augen, als sie sagten: Ja! Herr Wecker — — und sein: „Das wollt' ich nur wissen," konnte er das *Mal* vor Jammer nicht sagen. Aber er lehrte dafür: Es hat einmal einen uralten Weltweisen gegeben, — als welche auch Unterschiedliches gegessen haben sollen und müssen, wie Paulus Alles ohne Unterschied, was nur vom Himmel gehangen, — *der* hat in seinem unchristlichen Gedicht den Magen ein *Unthier* genannt. Das ist so wahr wie das heilige A. B. C.! Der Mann hat den Magen so gut gekannt als ich. Das will viel sagen, Kinder! Ein wirklich armer, wirklicher Schulmeister muß sich das von mir erst sagen lassen, der Gelbschnabel!

Die Kinder standen nun auf. Da Wecker aber noch nicht satt war, fing er statt des Dankgebetes mit lauter Stimme noch ein Mal sein Gebet um Speise, das: „Herr Gott, himmlischer Vater" an, schämte sich wie ein Nachtwächter, der, wenn er den Tag abrufen und singen soll: Der Tag vertreibt die finstre Nacht — aber noch einmal abruft: Ruhet in dem Herrn! — legte sich hin und *schlief* sich wenigstens *satt*, wie ein armer Tagelöhner in der Mittagsstunde. Aber er schlief nicht so ruhig wie dieser im Schatten der Bäume, sondern er träumte; und so hörte Christel mit Furcht die Worte: „Blutbesudeltes Fleisch nun schmausten sie" — —

und wieder: „die Sonnenrinder brüllten an den Spießen —
— und die Häute krochen umher" — — — — und mir —
mir meckert die Ziege im Leibe — — sie will mir das Herz
abstoßen, mein ehrliches Herz? Oder stößt sie nur mein
Unthier, den Magen, der sie mitgegessen hat, ja, fast allein.
Fort! hebe dich weg! — Hilf mir doch, hilf, Friedrich, mein
Sohn! Friedrich, mein Sohn!

Er setzte sich vor Furcht im Schlafe auf. Auch die Kinder
fürchteten sich und liefen zur Mutter, die ihnen sagte:
Kinder, er schwatzt ja nur aus der Schule! und hat nur den
Schlucken! ach im Traume gedenkt er seines Sohnes, der
unter den Soldaten ist, wie mein armer Bruder *Stephan*. Ach!
— Sie rief ihn erst leise, dann laut und lauter bei seinem
Namen: Wecker! — Wecker! — Wecker! — wacht doch auf!
Ihr träumt zum Fürchten und wißt es nicht! —


## 19.

Christel war in der Dämmerung im Dorfe gewesen, um die
junge, arme, liebe, schöne, gnädige Frau noch ein Mal — auf
ihrem Castrum doloris zu sehen und sich satt zu weinen,
und kam jetzt heim. Die Stube war kalt, die Nacht war lang,
die Kinder fror. Aber sie hatte das letzte Holz heut' angelegt
und verbraten, und dennoch ging sie hinaus, noch Etwas
zu suchen. Es war Mondschein, und sie erblickte eine Menge
schon kleingespaltenes Holz vor der Thür liegen. Das war
nicht ihres. Aber sie bedurfte sein. Banden die Jünger den
Esel nicht los? sprach sie bei sich; aß David nicht die
Schaubrote? Das ist ja wirkliches Holz! und dennoch ging
sie erst an der Stube der alten Frau Redemehr horchen. Alles
still, doch die Kinder weinten! Sie eilte, sie drückte die
Augen fest zu und ladete schnell einen Arm sich voll. Aber
das trockene Fichtenholz klang doch, wenn sie Scheit auf
Scheit legte, wie eine Strohfiedel; denn in der Angst zitterte

sie, und es fiel ihr aus der wie brennenden Hand. Als sie die Augen aufschlug, hinein zu eilen ungesehen, erblickte sie die Alte, die zu ihr sagte: Wollt' Ihr nicht lieber gleich Alles hinein tragen! Man ist doch niemals vor Dieben sicher in der Kälte! Ich will Euch helfen! —

So ertappt als Diebin erreichte sie nur mit Mühe und Noth die Stubenthür; aber niedergedrückt von der ersten Schuld in ihrem Leben und von der ängstlichen Last, sank sie zu Boden und hätte noch lange gelegen, wenn ihr nicht Daniel beigestanden.

Das ist brav! sagte Wecker und legte ohne Weiteres an von dem Holze.

Christel aber saß auf dem Bett wie erstarrt, und noch ganz erstaunt über sich selbst, und darüber, daß das Holz brannte! die Flamme sie anschien und wärmte! — Johannes hat Recht! sagte sie für sich. Aber es wird den Kindern wohlthun und dem alten Manne! und daß mich die Alte gesehen, das ist meine Strafe auf Lebenszeit. Sie wollte in der Bibel lesen; aber es ging nicht.

Da trat die Alte ein und sagte ihr: Laßt das Holz doch nicht liegen! ich helfe Euch, oder trag' es mit Weckern ins Haus. Die liebe gnädige Frau hat es Euch geschickt; sie hat noch an alle Armen gedacht, selbst auf dem letzten Lager. Ihr waret nicht da. Meins ist schon verwahrt. — So ging sie, Wecker und Daniel.

Aber Christel war darum nicht erheitert. Ihr war die Last nicht vom Herzen. Desto schlimmer! seufzte sie. Wer oft nur einen Augenblick warten, nur etwas Geringes entbehren will — dem giebt der Herr ja Alles mit Freuden zu seiner Freude. Außerdem aber zu seiner Qual! Doch ich will mich mit meinem Gott versöhnen, daß ich das Kind nicht verwahrlose, es ist ja so die letzte Zeit, und gut für jedes Weib, das, wie ich, mit einem Fuße im Grabe steht.

So war sie noch fleißig bis zum Charfreitag früh. Dann wickelte sie das Goldstück, um auch das los zu werden, zum

Beichtpfennig für den Prediger ein und ging in die Kirche. Zuvor bat sie Weckern, der Alten und den Kindern ab, wenn sie sie ja mit Worten oder Werken beleidigt, und im Geiste bat sie es auch ihrem Johannes ab, den sie ordentlich vor sich stehen sah, wie sonst an solchen Tagen, und hörte, wie sonst, wenn er ihr sagte: Du hast mich nicht beleidigt, meine Christel, vergieb nur mir! Und das that sie nun von Herzen.

In der Halle der Kirche hörte sie schon den Tremulanten, der heute zum Todestage des Herrn gezogen war, und seine dumpfen Schläge schlugen an ihre Brust, und sie bebte mit, wie die Töne bebten, daß sie hinknien mußte, vor eigenem Elend, weit übertroffen von dem schönsten aber schmählichsten Tode. Die Orgel führte die Melodie des wunderlichen alten Kirchenliedes: O Traurigkeit! o Herzeleid! — Der erste Vers war geendet, die langsam schwebenden Töne klangen allein, und nun fiel die ganze Gemeinde dumpf, und doch durch die Menge der Stimmen mit erschütternder Macht in die Worte ein:

O große Noth:
Gott selbst ist todt! —

Sie wußte nicht mehr, wo sie war, sie betete nur, und auch das nicht mehr; so ergriffen, ja entsetzt war sie von diesen Worten, die ihr so wahr, so traurig und fürchterlich erklangen. Und nun erst, als das Beben und Brausen schwieg, zitterte ihr Herz nicht mehr so ängstlich über das furchtbare Bild, das sie durch die Worte wie durch ein Feuer gehört und gesehen, aber es klang ihr selbst am Altar noch immer vor den Ohren, ihr war, als raunte eine tiefe Stimme zu ihrem Herzen:

O große Noth:
Gott selbst ist todt! —

Und wie das arme verlassene Weib durch die Noth aller dieser Tage zuletzt selbst in ihrem Muthe gebeugt war, wie ihr das große Wasser und Dorothee, der Leinweber und Wecker einfiel, die gnädige Frau, ja selbst die Ziege, und jene Reden im Traum, wie sie die Kinder vor Augen sah, Johannes vor Augen sah und bedachte, welche neue Angst ihr bevorstehe, die sie vielleicht den Kindern raube und in das Grab stürze; so brach ihr das Herz; und nun wiederholte sie selbst mit Grausen die Worte in ihrem verworrenen Geiste: Gott selbst ist todt.

Dann opferte sie das Gold, wartete den Segen ab und ging ganz unter den Letzten aus dem Gotteshause.

Wie aber die Geistlichen während des Opfers auf dem Altare stehen, ohne noch zu fungiren, und wie dabei doch auch von dem Würdigsten zu Zeiten ein Blick zur Seite nach dem Gelde fällt: so war besonders das Goldstück dem Herrn Prediger in die Augen geblinkt, und er hatte die Geberin gemerkt, sich sagen lassen, wer sie sei, und von dem neuen Schulmeister — des alten wegen — nichts eben Besonderes erfahren, auch daß ihr Mann im Stockhause sitze, und daß sie leben, ohne Jemand zur Last zu fallen. So winkte er ihr dann auf dem Nachhausegange. Sie beantwortete seine Frage, wie sie zu dem Golde komme, nicht unbefangen, noch wahrhaft; aber sie hörte kaum mehr, als er sagte: vielleicht ist es nicht wohlverdient, wohl gar entwandt! und es reut Euch, weil Ihr es opfert? Oder liegen da mehr wo Eins liegt? — Sie lispelte nur „o große Noth!" und als er fortfuhr, ihr das Herz zu zerreißen und sprach: Man wird Euch streng beobachten! Daß Ihr nicht etwa entlauft! — pfui schämt Euch, eine Frau, die mit einem Fuße im Grabe steht! nach den Feiertagen will ich die Sache untersuchen — — da weinte sie sogar nicht, sondern sie war todtenblaß, schlich dahin, im Finstern, denn sie sah die helle Mittagssonne nicht, und sie bebte und hörte wieder das bange Wort: Gott selbst ist todt. —

Daß das kleine Kind, ihr Liebchen, wie sie aus Gottliebchen mit mütterlicher Zärtlichkeit gebildet, nämlich das Weihnachtskind indessen verschwunden war, daß weder die Alte und Wecker, die auch in der Kirche gewesen, noch die Kinder, die Verstecken gespielt, deßgleichen nichts davon wußten, das rührte sie kaum. Sie glühte, sie war krank über Nachmittag; sie sah sich die untergehende Sonne noch einmal an, empfahl sich Gott und ging dann, als es Dunkel geworden, zu Bette, und sahe noch, mit Thränen in ihr Stübchen blickend, wie Fackeln vorüber zogen, wie Clementine, die gestorben war, nach ihres Vaters Gut, nach ihrem Willen, nicht in Breitenthal zu ruhen, mit schwarz behangenen Pferden langsam fortgeführt ward; hörte, wie die Glocken ihr nachriefen, ängstlich, ängstlich! und der Mond in den Fackelglanz schien — bis Alles verschwand, bis sie die Augen schloß.

In der Nacht nun träumte ihr der Traum: Unser Herr-Gott sei gestorben. Engel, blaß wie der Tod, hatten es ausgerufen, mit Stimmen, die bebten vor Wehmuth. Thränen fielen wie Thau und warmer Regen vom wolkenlosen Himmel, und die Kinder standen mit ausgestreckten Händen und fingen die Tropfen in ihrer Hand auf und staunten sie an und zeigten sie den Menschen, die sich lautlos und entgeistert einander ansahen. Ein unaufhörliches Lauten, wie von großen silbernen, aber gedämpften Glocken, summte in der Luft, und Alle sahen und hörten hinauf, und Niemand wußte, woher das feierliche Lauten scholl. Die Sonne stand verfinstert; ängstliche Düsternheit ward auf der Erde, die innerlich bebte. Die Eulen kamen aus ihren Höhlen, die Johanniswürmchen flogen und schimmerten sichtbar wie Funken, die Hähne krähten und gingen zu Bette, die Blumen schlossen sich zu und senkten ihr Haupt, die Vögel schwiegen, und die Krähen zogen zu Walde. Die verschatteten Gewölke erschienen wie schwarze herabgeworfene Flore, die Nachtigall brach in einzelne Klagetöne aus und verstummte plötzlich, und die Gestirne traten am Himmel bei Tage heraus, und eine Verwirrung war in der Natur voll Angst und Zagen und Hast und Bestürzung, und aus der äußersten Ferne des Himmels erdröhnte es dumpf, als stürzte sein altes Gewölbe zusammen und würde verschüttet, und das Dröhnen scholl immer näher, hörbarer, herzbeklemmender, und Niemand wußte Rettung. Und die Erde schwebte mit der Träumenden empor, und ihre Schwester Martha raunte ihr ins Ohr: Ich bin todt, und Du bist todt! Nichts lebt mehr, wenn der Vater todt ist. Unser Herz hat ausgeschlagen, unsere Augen sehen ungeblendet selbst in den Blitz — komm! komm! komm — ich will Dir den Heiligen zeigen in seinem Sarge. Und sie klopften an die Thür des Himmels, und Weihrauchduft quoll ihnen entgegen, und sie sahe in dem wie Herbstnebel wallenden silbernen, Alles verhüllenden Duft hohe, diamantene Leuchter stehen, aber keine Kerzen darauf, sondern ruhig um dieselben im Kreise sich drehend, schimmerten Lichtkugeln wie Gestirne und Sonnen, und kleinere Lichter wieder um sie. Und so standen unzählige Leuchter auf den Stufen eines himmelblauen Katafalks, von unten bis oben hinauf um das Castrum doloris, und oben darauf stand ein krystallener Sarg, und Engel hielten Wache um den wie schlafenden Vater und hatten vor Schmerz sich eingehüllt in ihre Flügel. — Niemand wagte hinzuschauen. Eine feierliche, tödtliche Stille wie Gewitterschwüle. Nur leise Donner murmelten dumpf in der Ferne, weit, weit, wie Sterbegeseufz der Natur, und Flügelschlag der Winde sauste vorüber, und das veilchenblaue Gewand des Schlummernden, sanft davon bestreift, duftete lieblich wie ewiger Frühling, und die damit getränkte Luft verhauchte den Wohlgeruch, köstlich duftend, und hin und her ein Engel nur seufzte aus tiefer Brust: O große Noth! Und aus allen Regionen der Welt stürzten athemlos und verblaßt, Angst im Antlitz, auf ihren Flügeln, wie vor dem Sturm heimeilende Tauben, Engel herzu und sahen und blieben stehen, zu Bildern erstarrt mit gehobener Hand, oder sanken auf ihr Gesicht.

Siehe da trat Einer mit gescheiteltem, goldenem Haar vor den Sarg und las mir weicher Stimme: Er, Er, der allein ist, der *allein* sein wird, Er wollte die Welt nicht wieder zerstören, seiner Hände Werk; sie war ihm zu schön, zu geliebt — aber zu sündhaft. Niemand sah *Ihn* durch sein Werk, über ihm, in ihm, mit ihm, Sie lebten wie *ohne* Ihn! — Wehe! nicht das einzige Verbot: Du sollst nicht tödten! dieß grellklingende, leichte Verbot an die rohen Pilger in der Wüste, das Er auf den harten Stein mit dem Finger geschrieben, vermochten Weisere, Glücklichere, Spätere seiner Kinder zu halten! geschweige das ewige einzige Gebot, das im Blute der Natur wie Balsam zu allen Herzen drängt, das Sterne und Sonnen voll Milde und Schweigen *laut* in Strahlen verkünden, das die Erden *blühen* mit tausend Blumen, das auf dem Antlitz der Neugebornen als Lächeln steht, das Gebot: liebe Gott über Alles, und Deinen Nächsten als Dich selbst. — So ist er gestorben, wie Er sterben kann; so ist er todt, wie *Jemand* todt sein kann: — Er schweigt und ruht in seiner eignen stillen Seligkeit, um der Welt zu zeigen, was sie ohne ihn sei, ohne die Liebe, die Er ist. Ihr Heiligen aber, verzaget nicht! Ihr wohnt, wie zuvor schon auf der Welt, auch jetzt in seinem schlummernden Geiste. —

Und eine Geisterstimme rief:

Zur Gruft! zur Gruft! zur Gruft!
Komme hinaus, mein König!*)

*) Ἐξελθε, ὦ βασιλευ! rief die Stimme eines zum Engel verkleideten Menschen die griechischen Kaiser, wenn sie erhoben wurden, um in die Gruft getragen zu werden — in das Heroon. Im *Europalata*.

Nun, sahen sie, nun erhoben ihn schauernd die Engel und trugen ihn zur Gruft und versenkten ihn. Auch Moses war unter den Begrabenden, und streute sein abgeschnittenes

Silberhaar mit den Blumen Streuenden zuletzt in das offene Grab. — Da fielen die Sterne vom Himmel, der Welt entging die Kraft, und sie zog zurück in sein Herz, wie eine leuchtende Wolke, die ihn umwob, und ein Strahl daraus wie ein Abendsonnenstrahl aus Gewölk glänzte und senkte sich, glühend und rege fließend, auf seine Brust. Finsterniß ward! Oede! Schweigen! Keine Wolke zog, kein Lüftchen wehte; die Flüsse versiegten, die Blumen verwelkten, alle Pulse stockten, keine Thräne hatte selbst ein Auge mehr; kein Ach! eine Stimme; keine Hände hatten die Kraft, zum Gebet sich zu falten; keinen Gedanken jetzt mehr: „Wir wollen uns lieben," irgend ein Herz. Alle Propheten, alle Gesandten, alle Söhne Gottes von allen Sternen herbeigeschwirrt wie weiße Schatten, hauchten Gott den Geist Gottes aus, waren todt und nichts, von seiner zurückgenommenen geliehenen Kraft verlassen. Selbst die Engel sanken zuletzt am Grabe, von seiner Kraft verlassen, dahin; ein unermeßlicher weißer Regenbogen, wie eine unendliche, breite Milchstraße, zog sich aus allen den zerschollenen und zerstäubten flirrenden Massen von Leben und Licht über dem Grabe zusammen, aus welchem Glanz hervorbrach, warm und sanft und rosig, wie eine Rose schimmert im Mondschein. — Sie nahte mit heiligem Schauder, sie beugte sich zitternd über, sein Antlitz — Gottes Antlitz zu sehen — aber sie sah nur zwei Thränen blinken wie Thau an seinen leicht geschlossenen Augenwimpern, und nur ein unaussprechliches Lächeln, ein wie sichtbares Lieben, das sie unwiderstehlich näher und näher, hinab, und zuletzt ihm fest an die Brust zog, unabtrennlich-fest, und selig-süß. Und die letzten leisen Stimmen der sterbenden Engel ächzten: Gott selbst ist todt! — Und auch sie war gestorben — ein Säuseln strich noch einmal verlöschend über die Gruft, und die Welt war verklungen. Aber sie fühlte auch todt noch ein warmes Herz in dem liebenden Busen des Vaters schlagen — und sie verging. — — —

Wem sie aber am Herzen erwachte, das war ihr Johannes. Er war wiedergekehrt. Sie setzte sich auf, sie sah ihn an und erkannte ihn nicht. Ihr Geist war noch nicht zurückgekehrt, in diese Welt, wo so eben das schwere Geschütz vorüber in den Krieg rasselte, noch nicht wieder eingewohnt in ihrer Hütte, herabgestimmt zu ihren Kindern, zu ihrem Johannes, der vor Freuden weinte. Bis er sie munter küßte, bis sie ihm leise und schüchtern erzählte, was sie geträumt.

Ich bin verwandelt, meine Christel, sagt' er ernst. Gott hat Dir den Traum zum Troste gesandt, daß Du für eine kurze Stunde heiliger Angst zeitlebens nun gedenken sollst: Gott lebt! Gott kann nicht sterben. So lebt er auch uns — Du hast den Traum für mich geträumt, und nicht für Dich, Du gute Seele, für alle Armen und wer ihn hört. Wer reines Herzens ist, der soll Ihn schauen, und Du hast Ihn gesehen, Er lebt! Sieh' auf, dort scheint ja die Sonne!

## 20.

Noch in der düstern Morgendämmerung des Ostersonnabendes, ehe der Vater nach Hause gekommen, war aber der kleine Daniel schon mit Wecker in ein anderes Dorf gegangen. Sie hatten sich Abends heimlich beredet, Daniel hatte sich ein kleines Säckchen geborgt und umgehangen; denn er sahe, wie nöthig das Nöthigste im Hause sei, was die Kleinen vergebens von der Mutter verlangt, nur er nicht. Er hatte die Jacke des Vaters an, die ihm in der Kälte ein kleiner Mantel war.

Das hatte die Alte gesehen. Heut' ist ja heiliger Abend, sagte sie zu Johannes, da wird der Weg nicht leer von Dorf zu Dorf, wo nur Essen rauchen; da macht sich ja mancher auf und wird *darum* nicht übler angesehen, weil er auch sonst das ganze Jahr nicht kommt! Mir ist nur der Schnee zu hoch, sonst ist es ja eine wahre Labung und Stärkung, gerade an solchem heiligen Tage betteln zu gehen. Die Wehmuth hat mir Gott schon geschenkt! Man wird so reich, so reich — Ihr wißt das gar nicht, mein Johannes. Gönnt das dem Kinde und dem Alten!

Doch war es schon Abend, ja Nacht geworden, und Beide kamen nicht wieder. Die Mutter hatte aber Manches in der Stille zurecht gelegt und besorgt, was sie genäht, und was so klein, so lieblich anzusehen war! Sie lächelte nur Johannes an, saß oft lange still, schlummerte wieder und bat ihn endlich nach Mitternacht, „mit dem blauen und rothen Strumpfe zu laufen," wie es heißt, und den Storch zu holen.

Er lief mit freudiger Hast. Er pochte. Ein junges Mädchen kam ans Fenster, nicht die Kindelfrau. — Die Mutter ist drüben im andern Dorfe bei der reichen Müllerin, sagte sie ihm; schon drei Tage. — Er zündete sich eine Kienfackel an und eilte, durch das feine Schneegestöber sich leuchtend, und geblendet, in einen engen Lichtkreis eingeschlossen. So kam er, weit außer dem Dorfe, vom Wege ab, in Windwehen, machte sich Bahn hindurch und stand auf einmal in dem Kalksteinbruch. Er leuchtete an dem bunten marmoradrigen Gestein umher, den Ausweg zu finden. Da sah er auf einer natürlichen Marmorbank, wie in einer Grotte die außer dem Winde und ohne Schnee war, eine kleine ruhige Gestalt sitzen, sanft hingelehnt. Er nahte mit Herzpochen; Knöpfe blitzten ihn an, das Tuch war blau — es war sein gewesener Kirchrock; ein kleines blasses Gesicht lächelte ihn an — es war sein gewesenes Kind, der Daniel, ein volles Täschchen auf seinem Schooße, einen Schnitt Brotes in seiner steif gefrornen Hand. Er leuchtete das an, er sah es und sah es nicht, er hielt die Hände fest vor die Augen, es nicht zu sehen. So stand er lange. Und als er wieder aufsah, mit Wehmuth hinblickte, war Alles verschwunden, wie ein Traum, keine röthliche grellerleuchtete Grotte, kein Kind, nur Nacht und Stille. Hast Du das auch geträumt? fragt' er sich froh und bestürzt. — Er sahe zu Boden. Der Kienbrand, den er vor Schrecken fallen lassen, zischte im Schnee mit dem letzten Funken und war verloschen. — So sagte er nichts und dachte Verwirrendes. Er fühlte sich zu dem Kinde, er umfaßt' es und küßte ihm die Hand, und das Brot. — Du bist hin! sagt' er weich. So warte denn hier, mein liebes Kind! Die Mutter bedarf es. Nicht wahr, Du bist es zufrieden, daß ich gehe! — und Dich, bis ich wiederkomme, Dich hier allein verlasse? — Gewiß! Du bist es zufrieden. Du gingst ja schon um der Mutter willen, und um die Geschwister! Heiße mich gehen! mein Kind! und ich möchte doch bei Dir bleiben! Fürchte Dich nicht! ich komme ja wieder! Bald, geschwind! —

So redet' er mit dem erfrornen Kinde, das ermüdet und von Kälte ergriffen, ausruhen und essen wollen, zum Botenlohn, und süß und immer süßer eingeschlafen war, und das der unerbittliche Tod, der auch des Nachts überall umherschleicht, der weder Vater noch Mutter, Brüder und Schwestern hat, auch hier gefunden und ohne Herz und Mitleid nicht verschont. — Das dachte Johannes im Weitereilen und sprach vor sich: Ich möchte doch der Tod nicht sein! Das ist das schrecklichste Amt in der Welt. Wie gern doch bin ich dagegen der arme Johannes! Und doch muß ich das sehen und dulden! Das Kind ist glücklich. Wie konnt' ich besser sehen, wie gut es ist, wie glücklich ich war, *als so!* — Heut' in der heiligen Osternacht hab' ich's gesehen und erfahren: Kein Mensch ist so unglücklich, daß er nicht noch weit unglücklicher werden kann! Ach, du lebendiger Vater im Himmel, sei doch auch Keiner so elend, der nicht wieder glücklich werden könnte. — Gewiß, der Gute kann immer wieder glücklich werden! — sprach eine innere Stimme in ihm. Gott ist nicht todt. — Du *warst* ein Thor und bist vielleicht noch einer. — Wer das wüßte! seufzt' er. Wer weiß, wo Wecker sitzt! —

Er beeilte nun seinen Vatergang. Die Mühle stand. Die Räder waren eingefroren und wunderlich anzusehen. Aber die Müllerin ließ die Kindelfrau nicht fort, und sie selbst versprach sich keinen Lohn und tröstete ihn mit Gott und Gottes Hülfe.

Das Wort trieb ihn beruhigt fort. Aber Wecker hatte in der Mühle geschlafen, war schon munter, hatte vom Schlaf auf dem Stroh keine Federn in Haaren, wie er vergnügt bemerkte, fragte nach Daniel, der sich nicht halten lassen, und ging mit Johannes, dem jetzt die Angst entnommen war: er könne auch den alten Mann so finden wie den Knaben.

Wecker trug eine große Fackel brennend in einer Hand, und eine zum Vorrath in der andern. Johannes schritt vom Wege ab, in den Steinbruch, und als Wecker das starre Kind sah, fehlte nicht viel, er hätte die Fackel fallen lassen. Aber er zitterte nur, daß in den flackernden Lichtern und den bewegten Schatten das Kind lebendig zu werden schien. —

Der Mann bin ich! sprach er wie ein Sündenbekenntniß, das Johannes wohl verstand, aber schweigend den Knaben sich auflud und mit ihm fortschritt, während Wecker heut' im erregten Wahnsinn wunderliche Reden führte, während er vorn leuchtete.

Das wollt' ich nur noch wissen! sagt' er zuletzt; nun kann ich sterben; die andre Noth hab' ich alle gelernt, bis auf den Tod. Ich sollte dem kleinen Betteltäschchen die Freude nicht machen! — Wecker, du solltest mit heim gehen! das heißt, wo er zu Hause ist, oder auch heim! wo du heim bist! Johannes sollte lieber „das alte Schulhaus" schleppen, wie die Engel das Haus nach Loretto; dann schrie der Kuckuck nicht im Schnee, dann müßte der Pastor einmal umsonst begraben. Der sollte sich ärgern! — Aber an einer oben brennenden Fackel kann man sich unten die Hände erfrieren, Johannes! Merkt Euch das.

Gott wird der Christel den Schaden ersetzen, sagte

Johannes. — Da will ich die Wiege sein, die Euch fehlt; der Mann bin ich! freute sich Wecker. —

Aus den Dörfern umher schallte schon Ostergesang und hallte freudig im Walde nach, wie ein Echo vom Himmel, oder wie sanfte Stimmen unsichtbarer Engel, die an dem heiligen Morgen um die Menschen wandelten auf Erden. Alles war angeklungen von dem geweihten Gesang. Der Himmel und vor ihnen der blinkende große Morgenstern schien nicht *sein eigen*, die Erde nicht ihr eigen, nicht Wald und Flur, Hütten und Weinberge nicht, auch die Menschenherzen nicht, sondern der Name: *Christus*, gesungen aus der Brust der Mädchen, umfing und befing Alles mit sanftem Schall und eignete *Ihm* es zu; und die Welt war Gottes des Vaters in dieser heiligen Morgenstunde.

Hört ihr die Jungfrau'n, Johannes? wie das erbaulich klingt! sprach Wecker. Sie haben's heut kalt. Aber sonst wär's auch keine Kunst, zu singen! So Etwas ist ewig, und verlangt sein Recht zu aller Zeit. Ich mußte auch lauten, und wenn das Gewitter dicht über mir stand; es hat mich auch einmal so halb und halb, das heißt aber nicht etwa *ganz* versengt, so nur angesengt! Dafür hab' ich auch keine Wetterscheu mehr! denn ein rechtes Unglück trifft Niemanden zwei Mal, wie das große Loos! Das könnt Ihr Euch merken! —

Johannes merkte sich das mit Stöhnen. Er blieb ein Weilchen stehen, um auszuruhen und Athem zu schöpfen, aber er setzte seinen guten Daniel unterdessen nicht in den Schnee.

Hört nur, fuhr Wecker fort, dort singen sie drüben das Lied:

Der Tod ist todt,
Das Leben lebet,
Das Grab ist selbst begraben! —

Das wäre gut für den Daniel! und gut für den Todtengräber, die Erde ist jetzt steinhart!

Darauf gingen sie wieder. Als sie aber zum Dorfe kamen, vernahmen sie die Melodie, ja selbst die Worte:

Auf, auf, mein Herz mit Freuden,
Nimm wahr, was heut geschieht!
Wie kommt nach großen Leiden
Doch ein so großes Licht!

Johannes stand gerührt.

Nun da kann ich die Fackel auslöschen! meinte Wecker und stieß sie vor dem Hause in den Schnee.

Der Vater aber trug den Knaben leise ins Haus und hörte mit Freudenthränen eine zarte Kinderstimme in dem Stübchen, stand und sah durch das kleine Fenster in der Thür, wie die Alte es schon im Bettchen auf den Armen trug. So legt' er den Daniel hastig in den Schuppen, damit ihn die Mutter nicht sähe. Er dachte kaum, daß dieser kein Strohdach hatte, daß es schon tief hinein geschneit, daß es immerfort noch häufig hinein schneie — ihm schadete ja das Alles nichts! Da ruhe in Gottes Namen, mein Kind! sagt' er; nahm ihm das Täschchen ab und zog sich aus eigner Wehmuth selbst wieder den alten Sonntagsrock an, sahe noch einmal zurück, ob es gleich noch düster war, und ging erleichtert hinein zu Christel. Er blieb an der Thür stehen. Die Alte hatte das Kind der Mutter zum ersten Mal auf die Arme gegeben, und er hörte, daß Christel leise sprach: Segne dich Gott! mein liebes Kind! Lebe gesund und werde alt, bis Dir die Tage nicht mehr gefallen! Halte fest an Gottes Wort. — Du bist zu *uns* gekommen — fuhr sie mit weicher Stimme fort — anstatt in eines Reichen Haus? Wir haben Dich! — und an *Liebe* soll Dir's nicht fehlen, und an nichts, was ich habe, und was Du noch brauchst. Sei nur zufrieden und weine mir nicht. Du bist bei mir. —

Nun ward es still. Eine Herzstärkung thät ihr nun wohl! meinte leise die Alte. Und so öffnete Johannes das Täschchen, legte erst ein rothes Osterei daraus auf den Tisch und brockte das Brot in das kochende Wasser. Dann ging er und setzte sich zu Christel auf's Bett.

Sie aß. Er hatte die Augen zu. — Was weinst Du denn? Vor Freuden? ja wohl! mein Johannes, sprach sie, siehe nur her! — Er aber sagte: Weißt Du auch, was Du issest? — Ich habe ja meine Besinnung, antwortete sie: Brotsuppe! die ist mir jetzt am besten und dienlicher als von rüdesheimer Hinterhäuser.

Aber von was für Brot! meine Christel, nickt' er. — Bettelbrot von Daniel? sagte sie heiter; sei doch ruhig, Johannes, das Kind hat es gern gethan. Alles ist von Gott, auch das Brot, und von dem nehm' ich es an, und von dem guten Kinde noch einmal so lieb. — Wo ist denn der Daniel? ruf ihn doch her. — Er schläft; sagte Johannes; er war sehr müde, die Augen fielen ihm immer zu. — Nun so laß ihn schlafen, lächelte Christel; er hat ein gutes Werk gethan. — Der Vater aber ging von ihr, besah das Osterei, brachte heraus, was darauf gekritzelt war: „Friede sei mit Euch," schnitt einen Eierkorb und hing es über dem Eßtisch auf, zu des Kindes Angedenken.

## 21.

Da erklang ein Posthorn und rufte wie drüben vom zugefrornen und verschneiten Teiche her. Es ward still; dann ging die Hausthür auf, derbe Tritte stampften den Schnee von den Füßen, und das kleine, vom Kaminfeuer erleuchtete Fensterchen in der Thür lockte den Fremden herein.

Bin ich noch weit von Breitenthal? fragt' er; guten Morgen auch! Man sieht im Schneegeflocke die Hand nicht vor den Augen.

Wir wohnen im letzten Hause von Breitenthal, oder im ersten, wenn man kommt; sagte Johannes.

An der Stimme, und näher getreten nun auch im Scheine

des Feuers, erkannte der Fremde jetzt Johannes, reicht' ihm die Hand und sagte: Kennt Ihr mich noch!

Ihr seid wohl der Herr vom Kirchthurm, meinte Johannes.

Nicht allein der Herr vom Kirchthurm, sondern auch jetzt der Herr von Breitenthal! versetzte der Fremde lächelnd. Ich bin noch in Eurer großen Schuld! aber ich habe an Euch gedacht; ein kleines Schiff mit Sachen liegt für Euch schon befrachtet in Frankfurt bei mir auf dem Main; sobald der Fluß wieder aufgeht, kommt es für Euch, und Schiffchen und Alles ist Euer. Nehmt damit vor Willen; das macht Paschalis nicht ärmer.

Ihr habt ja gehört — ich bin nur nach *Dorothee* gefahren! Ihr sollt mir ja nicht danken, hat sie gesagt; das ist nicht nöthig; wiederholte Johannes.

Aber angenehm ist es, entgegnete Jener, und mir Bedürfniß, und, seh' ich recht, auch Euch.

Da möcht' es nur *bald* aufthauen! sagte Frau Redemehr.

Aber wo habt Ihr die Dorothee? fragte Paschalis.

Bester Herr, ließ Christel jetzt ihre Stimme vernehmen, fragen sie nicht nach *der!* Sie hat uns großes Herzeleid angethan. Weihnachten hat sie mir ein Kind beschert, das Gottliebchen, und niemand anders als eben auch sie hat es zu meinem Kummer mir wieder geraubt. Ich habe gehört, die gnädige Frau hat an ihrem Sterbebette Allen vergeben, auch dem gnädigen Gottlieb, und Dorothee hat vor Thränen sich nicht fassen können! Nun ist sie verschwunden, und wer weiß, wo wir Mutter und Kind noch finden, wenn der Schnee und das Eis vergangen.

Sie hat Dir ein Kind gebracht? fragte Johannes seine Christel verwundert.

Mir thut es leid um das saubere, trotzige Mädchen; sagte Paschalis. Wie man sich irren kann! Ich glaubte mich schon klug genug, beim ersten Anblick eines Menschen ihm sein Schicksal aus dem Gesicht zu lesen; wie er war, und wie er sein kann! Aber seid nicht in Sorgen um sie.

Er wollte zur Thür hinaus gehen; Johannes leuchtete ihm. Da erblickte Paschalis das steinerne weiße Denkmal, und der vergoldete Namen „Martha" schimmerte still ihn an.

Martha! sagt' er für sich. Martha? und auch der alte Johannes! Kinder, fragte er betroffen, wie kommt ihr zu dem Stein?

Er ist für meinen Vater und meine Schwester, antwortete Christel. Der Kirchhof drunten ist noch nicht in Ordnung.

Deine Schwester, die arme Martha! sagt' er weich. Ich steh' als ein großer Schuldner an ihr vor Euch, aber verdammt mich nicht. Ich war aus Leidenschaft fähig, ein Unrecht zu begehen, aber es gut zu machen — zu schwach, zu stolz, zu verblendet und fortgerissen von derselben Leidenschaft, die Liebe heißt und Verderben ist und es bringt! und als mein Vater gestorben war, als ich aus fremden Städten heim kam — als ich weiser war — da war sie todt. Arme Martha!

Wenn Ihr Euch zu Martha bekennt, sagte Christel niedergeschlagen, so kann ich Euch noch ein trauriges Geschenk zum heiligen Ostertage machen! Dorothee ist Martha's Tochter. — Geh' doch in die große Bibel, Johannes, und gieb dem Herrn den Brief! Er ist vom alten Pastor an unsern Vater, und auch den andern, den noch versiegelten! der ist gewiß nun von Euch. Ihr armer Mann!

Johannes brachte die ganzen Papiere und auch die Schuldverschreibung von Borromäus, selbst die Letzte an Dorothee.

Paschalis that kaum einen Blick hinein und sprach dann zu Johannes: Geht und holt doch Dorotheen aus dem Wagen und schickt ihn dann auf das Schloß. Der allzu gnädige Gottlieb droht' er. —

*Ihr* bringt uns Dorotheen? fragte ihn Christel mit Freud' und Schmerz wunderlich gemischt im Klang ihrer Stimme.

— Ich überholte sie einige Stunden von hier, im Schnee

watend, um nach Hause zu kehren, nahm sie ein und erkannte sie als dasselbe Mädchen, das ich bei Euch gesehen. —

War sie allein? und hatte kein Kind? fragte Christel hastig.

Allein! kein Kind! versetzte Paschalis.

Mir schauert! äußerte Christel und schwieg, das Gesicht in den Händen verborgen. Paschalis ging gleichfalls schweigend umher und blieb dann gedankenvoll vor der Inschrift stehen.

Dorothee trat ein.

Wo hast Du Dein Kind? redete streng sie Paschalis an.

Wer hat danach zu fragen? sprach Dorothee mit düstern Augen ihn messend.

Dein Vater! antwortete Paschalis noch strenger und ergriff sie bei der Hand.

Wer ist denn hier mein Vater? versetzte Dorothee.

Der sich jetzt schämt, es zu sein! erwiederte Paschalis und kehrte sich von ihr.

Daran thut er jetzt klug! sagte ihm Dorothee; aber noch klüger hätt' er gethan: sich erst zu schämen, eh' ich seine Tochter ward — und so sich von Martha zu kehren, wie jetzt von Dorothee. Aber die Kunst ist nicht groß — ich kann es auch. Und nun kehrte sie ihm den Rücken, ganz erhitzt im Gesicht, und doch blaß und schneller und hörbar athmend.

Eh' wir weiter reden, nahm Paschalis das Wort, wo ist Dein Kind?

Das ist doch zum Lachen! versetzte Dorothee, wenn es sonst nicht zum Weinen wäre! —

Hätt' ich doch lieber nicht auf dem Thurme gelauten! bedauerte Paschalis. Ich komme in das Dorf nach meinem Kinde zum Prediger, dem ich sie anvertraut. Ein junges Weib sitzt da: ich schweige, ich gehe; ich will morgen wiederkommen, um zu erfahren, wo sie nun ist — da brechen in der Nacht die Dämme, da eil' ich hinauf in

Todesangst um mein Kind und laute, daß sie *meine Stimme* höre! laute, um in der Menge verborgen sie *mit* zu retten — nur *sie* — — hätt' ich doch nicht gelautet! hätt' ich doch Euch gefragt, wen ich suche, statt Euern Namen mir aufzuschreiben, dann zog sie nicht auf das Schloß!

Die Alte aber sprach: die gnädige Frau ist todt; nun kann sie ja der gnädige Gottlieb *auch* heirathen.

Das ist meine Tochter! würd' ich ihm sagen, trotzte Paschalis und hielt Dorothee an seiner ausgestreckten Hand.

Das ist nun eben ihm recht! setzte die Alte hinzu; da behält er das Gut.

Ich würde ihm sagen: Sie heißen Gottlieb, aber Ihnen ist weder *Gott* lieb! noch sind Sie Gott *lieb!* wenigstens *mir* nicht! Zieh' in den Krieg! rieth ihm Paschalis.

Wenn Ihr mein Vater seid, was ich mir nicht wünsche, so seid Ihr doch werth, daß ich Euch frage: hatte Clementine nicht eine Mutter? lebte sie nicht als Wittwe bei ihr und bei *ihm?* war sie nicht jung noch und üppig genug? — *Ihr* hab' ich *ihr* Kind jetzt hingetragen! War das nicht werth, daß eine Tochter vor Gram starb? war das nicht werth, daß eine Mutter vom Sarge der Tochter entfloh! —

Alle schwiegen mit stummer Scheu. Dorotheens Worte hatten eingeschlagen. Jeder sah zur Erde, Jedem bebte das Herz.

Paschalis wollte seine reine, unschuldige Dorothee umarmen und rief: Mein einziges Kind! —

Dorothee trat vor ihm zurück. Nun sind wir geschieden! sprach sie. Das Schloß ist Euer — das Schloß betret' ich nimmer wieder! — Ihr habt die Schulden zu Euren Schulden gemacht; gebt Eurer Martha Schwester ihre tausend Gulden, und mir den Lotteriegewinn, daß ich ihn Johannes wieder erstatte — dann lebt in Frieden! Bedenkt, daß Martha meine Mutter war, und daß Ihr mich in ihr gekränkt und erniedrigt, unaufhebbar! Und wollt Ihr so schenkt dem alten Leinweber einen neuen Baß, so spielt er wieder, und Johannes befährt den alten Rhein.

Einen großen Haupt-Straduarius soll der Mann bekommen! Du, Breitenthal! Dorothee, daß Du Dich rein erhalten in solchen Händen! Johannes aber ein Schiff mit goldenem Boden — ich will Euch Alle glücklich machen! sagte Paschalis erregt zu Johannes.

Wenn Ihr gestern kamt! Gestern war es noch möglich! entgegnete ihm Johannes. So elend war ich da nicht wie heut', und nun immerfort! — o mein gutes Weib! — und doch lebt ja der alte Gott! Du verstehst mich, aber nur halb!

Ihr seid doch sonderbare Menschen! sprach Paschalis. Wer begreift das Alles! Doch daß Du mir nicht Schande, nein Ehre gemacht, o Dorothee, das segnet Dir Gott und mir!

Ihr wundert Euch und seid ein großer Kaufmann, Herr Vater! lächelte Dorothee. Das jüngste Mädchen ist so klug wie der älteste Kaufmann. — Nicht wahr, Ihr verliert nur *Eure Schätze*, wenn Jemand fallirt, dem Ihr sie anvertraut. Aber — ein *gefallenes* Haus hat keinen Credit, und ein Mädchen borgt *Ihm* nicht einen Finger, geschweige die Lippe! — Das sag' ich noch, damit es Euch nicht zu schwer wird, mich zu vermissen.

Gerade nun! Du mußt mein sein! bei mir bleiben! bat sie der Vater.

Das will ich mir funfzig Jahr überlegen! beschied ihn das kecke Mädchen.

Johannes aber hatte schon längst das Zimmer verlassen und wankte hin, um sich auszuweinen bei seinem Daniel. — Aber er fand Jemand schon neben ihm. Wer seid Ihr? fragt' er verwundert. — Still! Still! ich bin Wecker! der wahre Wecker? Ich bin der Mann! schon eine halbe Stunde! Hier ist der Doctor! sprach er und wies ihm den abgeriebenen Strohwisch; er ist eigentlich nur ein *Lizentiat!* fuhr er fort. Das Kind, im Schnee und mit Schnee vom Himmel beschüttet, war erwärmt, und seine Wärme hat sich eine Höhlung weggethaut, sein Haar ist feucht, und seine

Wange glüht. Ex Noth wird wieder Ex voto! Hört ihr das Osterlied! Nun kommen die heiligen Frauen.

Johannes aber kniete, betete und konnte vor Zittern der Hände nicht thun, was ihn Wecker hieß, der das Kind zuletzt auf die Füße stellte und in des Vaters Arme gab. Der Knabe besann sich endlich langsam wieder, glaubte noch in dem Steinbruch zu sein, bewegte den Mund, als wenn er wieder äße, hörte dann des Vaters Zuruf und sagte mit halber Stimme: Bist Du da, Vater? da hast Du Brot! komm', führe mich heim, der Mutter wird bange sein!

Und so führte Johannes ihn zitternd hinein. Und von der aufgehenden Sonne Licht und Glanz geblendet, und schwach, schwankte das Kind und stand wie im Traume und gähnte und strich sich die Haare aus der Stirn.

Nicht wahr, Daniel lebt? er lebt? fragte Johannes die Mutter.

Freilich, da steht er und lächelt ja! sprach Christel, aber allmälig stammelnd und zögernd, und plötzlich erblaßt vor Ahnung, die aus Johannes Worten und Wesen sie anschauerte.

Nun — nun kannst Du auch wissen, daß er todt war! fuhr Johannes leiser fort und zog ihn der weinenden Mutter nah.

Daniel! — sprach sie mit versagender Stimme und streckte die Arme nach ihm.

Mutter! — sprach er, als bät' er sie um Vergebung, und lag in ihren Armen.

Wecker hat ihn erweckt! meinte Johannes. Aber das hörte sie nicht an Daniels Halse. Wecker aber stand nur sehr freundlich da und hatte die Augen zu.

Nun bin ich glücklich, rief Johannes; ich habe den Daniel wieder! und noch einen kleinen: „Vom Himmel hoch, da komm ich her!" — Ich habe Alles! — Dorothee! hörst Du, Dorothee, ergib Dich Deinem Vater! — Du weinst, mein Mädchen?

Da traten die Jungfrau'n der Osternacht auch vor das kleine Haus und sangen:

Es gingen drei heilige Frauen
    Alle-alleluja!
Des Morgens früh im Thauen,
    Alle-alleluja!

Alle erschraken darin und hörten gerührt die hellen Stimmen singen. Paschalis ließ sie hereintreten. Sie waren verkleidet. Da waren die drei Frauen, Maria, Martha und Magdelena, verschleiert, und die zwei Engel in weißen Gewanden. Und sie standen wie Erscheinungen, fuhren fort in dem Wechselgesang, und es sangen:

*Die Engel:*
Erschrecket nicht, und seid All' froh!
    Alle-alleluja!
Denn, den ihr sucht, der ist nicht da.
    Alle-alleluja!

*Martha:*
Ach Engel! lieber Engel fein,
    Alle-alleluja!
Wo find' ich doch den Herren mein?
    Alle-alleluja!

*Die Engel:*
Er ist erstanden aus dem Grab,
    Alle-alleluja!
Heut' an dem heil'gen Ostertag.
    Alle-alleluja!

*Maria:*
Habt Dank, ihr lieben Engel fein.
    Alle-alleluja!
Nun woll'n wir Alle fröhlich sein!
    Alle-alleluja!

Sie schwiegen nun und lächelten. —

— Und wir nicht auch? Nun wollen wir Alle fröhlich sein! sagte Paschalis und zog seine Tochter, die Willige nun, an das Herz.

Und Ihr auch? alter Wecker! sprach mit dankbarem Handschlag Johannes. Ihr bleibt bei uns und zieht mit hinab, wenn das neue Haus steht.

Das wollt' ich nur wissen! sagte der Alte und sang mit Thränen ein frohes: Alle-alleluja!

Und Christel betete leise: Habt Dank, ihr lieben Engel! dann rief sie Sophiechen und sagte: siehe, mein Kind, heut' tanzt die Sonne! denn heut' ist heiliger Ostertag!

Dorothee nahm sie auf den Arm. Und das Kind sah' in die rothe, große, zitternde Sonnenscheibe, und die Augen gingen ihm über, und Dorotheen.

Aber Paschalis trat mit wunderlicher Scheu vor Martha, die ihn aus dem Schleier ansah, und bot *ihr*, wie zur Versöhnung, die Hand und blickte mit feuchten Augen zum Himmel.

Die Engel aber schieden, küßten die Kinder und grüßten Alle mit freundlichem Lächeln und sprachen: *Friede sei mit Euch!*

www.ingramcontent.com/pod-product-compliance
Lightning Source LLC
Chambersburg PA
CBHW020900160426
43192CB00007B/1007